私はいくら？

あなたの価値はたったひとつの「数式」で決まる

プルータス・コンサルティング代表取締役社長
野口真人

サンマーク出版

はじめに

「私はいくら？」

本書のタイトルでもあるこの問いかけに対して、あなたはどのように感じたでしょうか？

いったい自分にいくらくらいの価値があるのだろうかとドキッとした方。

そんなこと、考えたことすらないよ、という方。

人をお金に換算するなんて、けしからんと思われた方もいるかもしれません。

しかし、あなたが何らかの仕事に携わっている以上、**「自分はいくらか」、つまり、**

自分の価値をきちんと把握し、その価値を高めていくことは必須《ひっす》の時代です。

それはなぜなのか、そして、どうしたら自身の価値を高めていくことができるのか、それを本書で解き明かしていきます。


ここで、もうひとつ質問をさせてください。

あなたはこの先、どんな会社でどんなキャリアを歩もうと考えていますか？

「今の会社に一生骨をうずめる覚悟だ」という方――。

あなたがそのつもりでも、会社側はどうでしょう。業績が悪化してリストラが必要な状況になったとしても、あなたを雇いつづけてくれるでしょうか？　あなたにそれだけの価値を見いだしてくれるでしょうか？

「いずれ転職や起業をするつもりだ」という方――。

今の会社でそれなりの実績をあげているから、新天地でも評価を受けられるはずだと安易に考えてはいませんか？　会社の看板やバックアップがなくなったとしても、自分はそれまでと同じくらい活躍できると断言できますか？

また、就職活動中の学生の方の中には、今の就職環境は売り手市場だから、どんな企業にだって苦労せずに入ることができると考えている人がいるかもしれません。しかし、企業が必要としている人材のハードルが下がったわけではなく、むしろ昔に比べ、そのハードルは上がっています。売り手市場とタカをくっていると、入社できたとしても長続きしないか、価値がないと判断されて使い捨てにされる羽目になるでしょう。

あなたがどんなキャリアプランを描いているにしても、ひとつだけ心に留めておいてほしいことがあります。

それは「現代の企業は例外なく、ファイナンス的に価値の高い人だけを求めている」ということ！

ファイナンス的に価値が高い人は、どんな会社でも必ず必要とされ評価されるけれど、そうでない人は容赦なく切り捨てられる世の中になってきているのです。大げさにいっているのではなく、これはまぎれもない現実であり、その傾向は近年ますます顕著になっています。

つまり、**これからの時代を生き抜くためには「ファイナンスの視点に基づいて自分**

を磨き、ファイナンス的に価値の高い人材になること」が絶対条件だということです。

ところが残念なことに、この現状を理解している人はまだ多くはありません。

私は会社経営のかたわらグロービスというMBAスクールの講師も務めていますが、そうしたスクールに通う意識の高い社会人ですら、「ファイナンス的に価値が高いとはどういうことか」を理解しないまま勉強に励んでいます。

いくら知識を詰め込んでも、MBAなどの立派な資格を取っても、それは「ファイナンス的な価値」を高める手段にしかなりません。ファイナンスの視点なき自己投資は、非常に投資効率が悪いのです。

それでは、なぜ今、ファイナンスの視点が必要なのか——。

それを述べる前に、まずはファイナンスとは何かを説明する必要があるでしょう。

ファイナンスとは直訳すれば、「金融」「財政」「借金」「投資」「財務」などであり、その言葉の用途は多岐にわたります。お金を貸すこともファイナンスなら投資をすることもファイナンスだし、企業の財務部門をファイナンスチームと呼ぶこともあります。ですから「ファイナンスの視点から自分の価値を高めよう」と言われても、何をどうすればいいのかピンとこない人が多いかもしれません。

そこで本書では、「**ファイナンスとはモノの価値を評価する手法**」であり、狭義には「企業の価値を評価する手法（コーポレートファイナンス）」と定義することにします。

現代の経営者にとっての最重要課題は、自分の会社の価値、すなわち株価を上げることです。自社の株価を上げるには、そもそも株価がどのようにして決まるのかを知る必要があります。その評価のノウハウ、そして企業価値を算定するためのロジックがファイナンスなのです。

私は約十年前にM＆Aにおける企業価値評価を専門とするアドバイザリー会社を立ち上げ、これまで二千件以上の企業の評価に携わってきました。

その経験から気づいたのは、「時価総額の高い企業には、ライバル企業より良い人材がそろっている」ことです。なぜならば、企業の価値は、彼らが持っている物的資産ではなく、そこで働く人的資産の価値で決まるからです。

実はこの評価のロジックは、企業だけではなく人材の評価にも応用できるのです。つまり、企業の適正な時価がいくらかを求めるのと同じように、ファイナンスの考え方を用いると、人材の価値が何円であるのかも明確に、そして公平に算定できる。

数字というのは、嘘《うそ》をつきません。肩書や社内でのパワーバランスといったものはいわば相対評価でしかありませんが、ファイナンスの論理から導き出されたあなたの「価値」という数字は、絶対的なものです。

ファイナンスという視点は、人を評価するうえでもっとも公正で、もっとも透明な基準なのです。

そして、**自分は今いくらなのか、つまり自分の価値を知る方法がわかれば、自分の価値を絶対的に高めるための具体的な道筋も見えてくる**というわけです。

ひとつの会社に帰属する時代はとうに終わり、さまざまな企業で働くことを前提としてライフプランを組み立てることが今では当たり前になっています。同じ会社でずっと働きつづけたいと考えても、社会情勢の変化にともなう業績不振で転職を余儀なくされることもあるでしょう。

そんな社会環境の中で、従来のように自社内でしか通用しない力だけを身につけていたらどうか——。条件のいい仕事を探すことも、次の会社で評価を得ることもできません。好むと好まざるとにかかわらず、これからの時代は社内における相対的価値ではなく、自己の絶対的価値を高めることが求められます。

そのためのスケールとしてもっとも信頼できるのがファイナンスなのです。

ファイナンスは場所も時代も超える、普遍的なスケールです。

本書はこの指針に沿い「**ある簡単な数式**」**を使って、あなたの絶対的価値を高め、どこに行っても評価される人になる方法**を具体的にご紹介していきます。

ファイナンスという言葉を聞くと、むずかしそうだなと感じる方もいらっしゃるかもしれませんが、何も、複雑なメソッドを紹介しているわけではありません。明日からすぐにでも取り組める、簡単な方法ばかりです。

また、本書はファイナンス理論の本質を伝える入門書としての役割も担っています。基本的には専門用語をなるべく使わずに、ファイナンスの知識がない方でも十分に理解できるように構成しています。本書をご一読いただければ「ファイナンスとは何か」「企業や人材の現在価値を高めるにはどうすればいいか」がおわかりいただけることでしょう。

ファイナンスの知識は、経営者や投資家はもちろんのこと、ミドルクラスにも必須の教養になりつつあります。

自分の絶対的な価値を高める方法を知ると同時に、ファイナンスの素養も身につけることができる――。

そんな本書は、なかなか〝お得〟な一冊といえるのではないかと自負しています。

少しでもあなたのビジネスにおいて役立てていただけるのであれば、著者としてこれほどうれしいことはありません。

野口真人

私はいくら？　目次

第2章
あなたが「稼げる人」になるために
～将来のキャッシュフローを最大化する

第3章 あなたの「信用力」を上げるために
～割引率を下げる

装　　丁…萩原弦一郎＋藤塚尚子（デジカル）
ＤＴＰ…山中 央
編集協力…株式会社コンセプト21／増山雅人
編　　集…黒川可奈子（サンマーク出版）

第1章

会社はあなたにいくらの価値をつけるのか？

「会社に尽くす人」ではなく「会社に必要とされる人」になる

会社の命令とあらば、どんな非常識・非効率な指令も受け入れ、上司が白と言えば黒いものでも白と言う――。

そんな〝社畜タイプ〟の社員が評価される時代はとうに終わりました。

会社のために自分を犠牲にして働くことは、一見すると美徳であり、会社からも高い評価が得られるだろうと考えがちですが、現実は違います。

会社の命令にさからわず、ハイハイと何でも言うことを聞く社員は、たしかに便利で使いやすい存在です。その意味で多少の評価はしてもらえるし、運が良ければ課長くらいにはなれるかもしれません。

しかしそれはあくまでも、その会社の中だけで通用する評価であって、足元は非常にもろい。仮に会社の業績が悪化したとき、「盲目的に従順な人材」と、これから述べる「会社に利益をもたらす人材」のどちらかを切らざるをえない状況になれば、間違いなく前者がリストラの対象になるでしょう。

そして、いざ新しい仕事を探さなければという状況になって、自分がやってきたことが社内でしか通用しないことに気づいて愕然《がくぜん》とするのです。

あなたがめざすべきは、会社に尽くす人ではなく、会社に利益をもたらし、必要とされる人になることです。そのためにはその会社だけでしか通用しない常識に染まることなく、常に問題意識をもって仕事にのぞまなければなりません。

評価されるのは「キャッシュを生む力」が大きい人

会社がどんな人材を必要とするかは、時代とともに変化しつづけています。

たとえば戦後から高度成長期にかけては、とにかくモノを売ればもうかる時代であり、売り上げを伸ばすことが経営者にとっての至上命題でした。こうした時代には、ガツガツとモノを売りまくる人材が重宝されます。

ところが時代の変化にともない市場が成熟してくると、競争が激化し、本業だけでは利益を出すことが困難になってきた。そうなると企業の経営者は、世の中の株主から文句を言われ出す。そこで彼らが打った次の一手は、バブルの波に乗って一生懸命に借り入れをして資産を増やし、資産の値上がり益を狙《ねら》うということでした。

それで企業が潤ったのも束《つか》の間、ご存じのとおりバブルはあえなく崩壊し、多くの企業はとんでもない損失を出してしまった。そこで今度は「いかにリストラをするか」が重要な経営指標になるという不毛な時代が長く続きました。

それがひと段落した今、企業はようやくまともな状態になってきた。すなわちキャッシュフローを追求し、「企業価値（株式時価総額）」を高めることに注力するようになったのです。

企業価値を高めることは、現代の経営者の最重要ミッションです。まともな経営者でそれを否定する人は一人もいません。少なくとも上場会社であれば、企業価値を高める努力をしなければ株主から訴えられる時代になっています。

そう考えると、現代の企業が評価し必要とする人材像もおのずと明らかになります。

それは、**企業価値の増大に貢献する人材、つまりキャッシュを生む力のある人材**です。

この条件さえ満たしていれば、たとえ少々変わり者であっても、反抗的であっても、会社は絶対に手放そうとはしないでしょう。

その好例が、二〇一四年にノーベル物理学賞を受賞した中村修二氏です。テレビのインタビューなどからもわかるように彼はなかなか変わったタイプのようで、日亜化学工業に勤務していたころは、研究に没頭すると電話にもいっさい出ず、会議もさぼるなど会社命令に反することも日常茶飯事だったといいます。受賞後も「研究の原動力はアンガー（怒り）だ」と挑発的なコメントをするなど、どう考えても使い勝手のいい人材とはいえず、彼をけむたく思う上司も少なくなかったことでしょう。

それでも会社は彼を手放そうとはしなかった。彼がキャッシュを生む人材であることを理解していたからです。

事実、中村氏が開発した青色発光ダイオードは企業に莫大《ばくだい》な利益をもたらしました。そして本人もまた、日亜化学工業を退職したあとも引く手あまたの研究者としてグローバルに活躍しています。

私たちがめざすべきは、中村氏のように大きなキャッシュを生み、会社はもちろんのこと、国の枠さえも超えて評価され、必要とされる人材なのです。

企業の価値も人の価値も、同じ「計算式」で導ける

現在の私の主な仕事は「企業価値評価」です。日本の銀行を退職したのち、外資系の銀行や証券会社を経て二〇〇四年にコンサルティング会社を設立し、約十年で二千件以上の企業価値評価を手がけてきました。

企業価値評価とは、文字どおり「その企業には現在いくらの価値があるか?」を評価する仕事です。通常は株式の時価総額（市場株価×発行済み株式数）が会社の現在価値ということになるのですが、市場がいつも正しいとは限りません。企業がほかの企業を買収したりする場合には、あらためて「対象企業の適正な価値はいくらなのか?」を考えなければなりません。高すぎる買い物（企業買収）をすると、自社の株主の利益を損なうことになるからです。

現在価値＝将来の平均キャッシュフロー÷割引率
(PV)　(CF)　(R)

適正な価値を計算するためにはどうするかというと、その会社が将来生み出すであろうキャッシュフローを計算し、現在の価値に落とし込みます。つまり、企業の現在価値とは、「**今どれだけの資産を持っているかではなく、将来的にどれくらいのキャッシュフローを生むか**」で決まるのです。

企業や事業の「現在価値（プレゼントバリュー＝PV）」を求めるには複雑なロジックが必要になりますが、その根幹にあるのはたったひとつの計算式です。

現在価値（PV）＝将来の平均キャッシュフロー（CF）÷割引率（R）

キャッシュフローとは、キャッシュイン（売上高）からキャッシュアウト（費用）を差し引いて手元に残るお金の流れのことをいいます。わかりやすくいえば「キャッシュフローは利益のこと」と考えていただいて結構です（厳密にいえば、キャッシュフローと利益は異なる概念なのですが、ここではわかりやすく理解していただくことを優先して「キャッシュフロー≒利益」とします）。

また割引率とは、その企業に固有に定められた金利と考えてください。普段よく見かける銀行預金の金利などとはまったくの別物です。詳細は第3章で説明します。

この計算式を用いることで、家族経営の零細企業から世界のトヨタ自動車まで、あらゆる企業の価値を評価することができます。さらにいえば、企業の価値だけではなく特定のビジネスの価値や金融資産の価値、そして「人の価値」さえも、この式によって求めることができるのです。

もちろん、あなたの価値も例外ではありません。

あなたの現在価値は、あなたが将来生み出すキャッシュフローをあなたの割引率で割った値です。自分の価値を高めるということは、自分のＰＶを高めるということなのです。

「PV＝CF÷R」が意味することを理解しよう

この式の意味について理解しやすいように、具体的な例で説明しましょう。

たとえば、あなたが五千万円の新築マンションを買ったとします。その定価はマンション建設に必要な土地代や建設費に業者の利益が加算されて決められます。

しかし、ファイナンスではそのマンション建設にかかったコスト（原価）や利益は価値とは考えません。いくら贅《ぜい》を尽くしたマンションでも、他人が五千万円の価値を認めてくれるかどうかはわからないからです。

他人が認める本当の価値は「そのマンションが稼ぐ年間家賃（キャッシュフロー）を割引率（金利）で現在に割り引いた価値」と考えます。

もし、あなたのマンションを他人に貸して家賃を月額三十万円取ることができ、そのマンションの割引率が六％だとしたら、この式に当てはめると「（毎月の家賃×十二か月分）÷六％＝（三十万円×十二か月）÷六％＝六千万円」となります。六千万円の価値のあるマンションを五千万円で買えるのならば、そのマンションはお買い得、となるのです。

もし家賃が月二十万円しか入らないのであれば、マンションの価値は四千万円にしかならず、五千万円では高い買い物になってしまいます。


企業の価値においても同じです。積極的な企業買収で有名な日本電産のバランスシート（貸借対照表）を見ると、彼らの総資産は二〇一五年三月時点で約一兆三千五百億円となっています。これは、今この会社が持っている土地や工場や設備などの資産を手に入れるのに必要とした金額です。

しかし、ファイナンス的に見た彼らの企業価値は、彼らが生み出す毎年のキャッシュフロー約千三百億円を彼ら固有の割引率である約五％で割った約二兆六千億円となります。ということは、この会社には彼らの実際の資産の約二倍の価値があるということです。

実際に株式市場ではどのように評価されているかといえば、二〇一五年六月現在で株式時価総額はほぼ同額の二兆七千億円、彼らの借入額は株式時価総額に比べれば無視できるほど小さいので、キャッシュフローから導いた同社の企業価値は、市場で評価されている株価とほぼ等しいことがわかります。

ファイナンス的に考えると、自分がやるべきことが見えてくる

「PV＝CF÷R」にはファイナンス理論のエッセンスが凝縮されており、この計算式がわかればファイナンスが理解できるといっても過言ではありません。ファイナンスの専門書には複雑な計算式がうんざりするほど出てきますが、本書に登場する計算式はこれひとつですから、ぜひ覚えておいてほしいと思います。

ファイナンスは金融業界で働く人や投資家のためのものであると思われがちですが、実は身近なところでも役立つ場面が多々あります。その場合はファイナンスの知識というよりも「**ファイナンス的なものの考え方**」が重要になります。

ファイナンス的にものを考えるとは、たとえばこういうことです。

ある人が英語を勉強しようと思いたち、A校とB校、どちらの英会話スクールに通おうか迷っているとします。A校では高度なビジネス英語を学べますが、受講料は百万円と高額です。一方のB校で身につくのは日常会話程度のレベルですが、受講料は五万円で済みます。

この場合、彼はどちらのスクールを選ぶべきでしょうか？

受講料が高くても将来役立つかもしれないからA校へ、とにかく安く抑えたいからB校へ、といった直感的な判断はどちらも間違いです。

正解は、彼が置かれている状況によって変わります。彼が外資系企業に勤務しており、「ビジネス英語を学べば、自分の給与額の合計が受講料の百万円以上増える」と判断できるのであれば、迷わずA校を選ぶべきです。一方、外国人の友達がほしいとか、海外旅行で少し英語がしゃべれたらいいというレベルなら、B校を選ぶのが正しい判断です。

目先のことではなく将来を見据え、百万円ないし五万円という受講料を吟味する。そのうえで投資以上のリターンがあると思えば、そこに投資をする。それがファイナンス的にものを考え、判断するということです。

企業は今、ファイナンスの視点をもつ人材を求めている

ファイナンス理論は、企業の現在価値（ＰＶ）をはじめとする「モノの適正な値段」を求めるために編み出された理論です。モノの適正価格がわかれば、価値の低いものに大枚をはたくようなミスはなくなり、「いいものを安く買う」「将来性のある分野に投資する」といった判断ができるようになります。

実は今、多くの企業がこのようなファイナンスの視点をもつ人材を求めています。背景にあるのは、意思決定のダウンサイジング化です。

一昔前まで、経営判断はもっぱら経営陣だけの仕事でした。新規事業に乗り出すかどうか、事業を撤退するかどうかといった重要な意思決定をするのは社長や取締役会であって、一般社員が意見を求められることはほとんどありませんでした。

けれども経営にスピードが求められるようになった昨今、そんな悠長なことをしていては競合に後れをとってしまいます。だから昔は社長や取締役会が決めていたよう

な事柄が、どんどん「下」に降りてきている。事業部制を採用する企業が増えているのもそのためで、現場のマネジャークラスが重要な意思決定に携わる機会が増加しているのです。

それなのに、ファイナンスの知識を有している人の少ないこと！

経営にまつわる意思決定をおこなうにはファイナンスの知識が不可欠なのですが、残念ながら日本はここが非常に遅れています。そのことはＭＢＡスクールで社会人の生徒を教えていても痛感します。マーケティングなどはある程度知っている生徒でも、ファイナンスに関しては興味なし、という人が多いのです。

これからの時代、ファイナンスは間違いなくミドルクラスの必須《ひっす》教養になります。経営とは関係のない部門の社員でも、ファイナンスを知らなければ活躍できない時代がやってきます。

だからこそ、**あなたにはファイナンス的なものの考え方を身につけてほしい。この分野に通じた人材が少ない今だからこそ、ファイナンスの素養はあなたにとって大きな武器となる**ことでしょう。

「ヒト、モノ、カネ」の順番には意味がある

企業がいかに「ファイナンス的に価値がある人」、つまり「キャッシュを生む人」を必要としているかを、少し違う角度から考察してみましょう。

一般に経営の三要素を「ヒト、モノ、カネ」と表現しますが、なぜこの順序になっているかを考えたことはありますか？

これは何も社長が従業員におべっかを使っているわけではなく、「ヒト、モノ、カネ」の順番は、まさに企業にとって重要となる優先順位なのです。

そのことは企業のバランスシートを分析するとよくわかります。

バランスシートには、左側に商品や在庫、不動産などの「資産」、右側には銀行からの借入金などの「負債」と株主から集めた「資本」が記載されます。簡単にいえば、右側には集めたお金の総額が、左側にはそのお金で買ったものの総額が記載されているわけですから、左右の額は必ず釣り合うようになっています。

A社のバランスシート
簿価ベース（貸借対照表）

	資産	負債及び資本
流動資産	現金、預金	負債 10億円
	売掛金	
	商品、在庫	株式資本 （株主の取り分） 20億円
固定資産	土地、建物	

別の見方をすると、ここに記載されている資産をすべて売り払ってしまったときに残る金額から負債を除いた額が、株主の取り分（資本）になるのです。

たとえばA社の場合、簿価ベースのバランスシート上では現金、預金、商品、在庫、土地、建物などの資産の総額が三十億円なので、それらをすべて売り払ったら、二十億円（三十億円から負債額十億円を除いた額）が株主の取り分になるのです。

しかし、もしこの会社が上場しているとしたら、その株式の価格（株式時価総額）が必ずしも二十億円で取引されるとは限りません。日本電産の例で示したとおり、ときに株価はその何倍もの価格で取引されることも珍しくないのです。もし二倍の四十億円で取引されているとすると、バランスシートはどうなるでしょうか。

時価ベースのバランスシートの右側は負債十億円と株式時価総額四十億円を足して五十億円、かたやバランスシートの左側はそのまま三十億円だとすると、右と左のバランスがとれなくなります。バランスをとるためには左側の資産の時価も五十億円と考えなければなりません。

A社のバランスシート
時価ベース（株式時価をもとにしたもの）

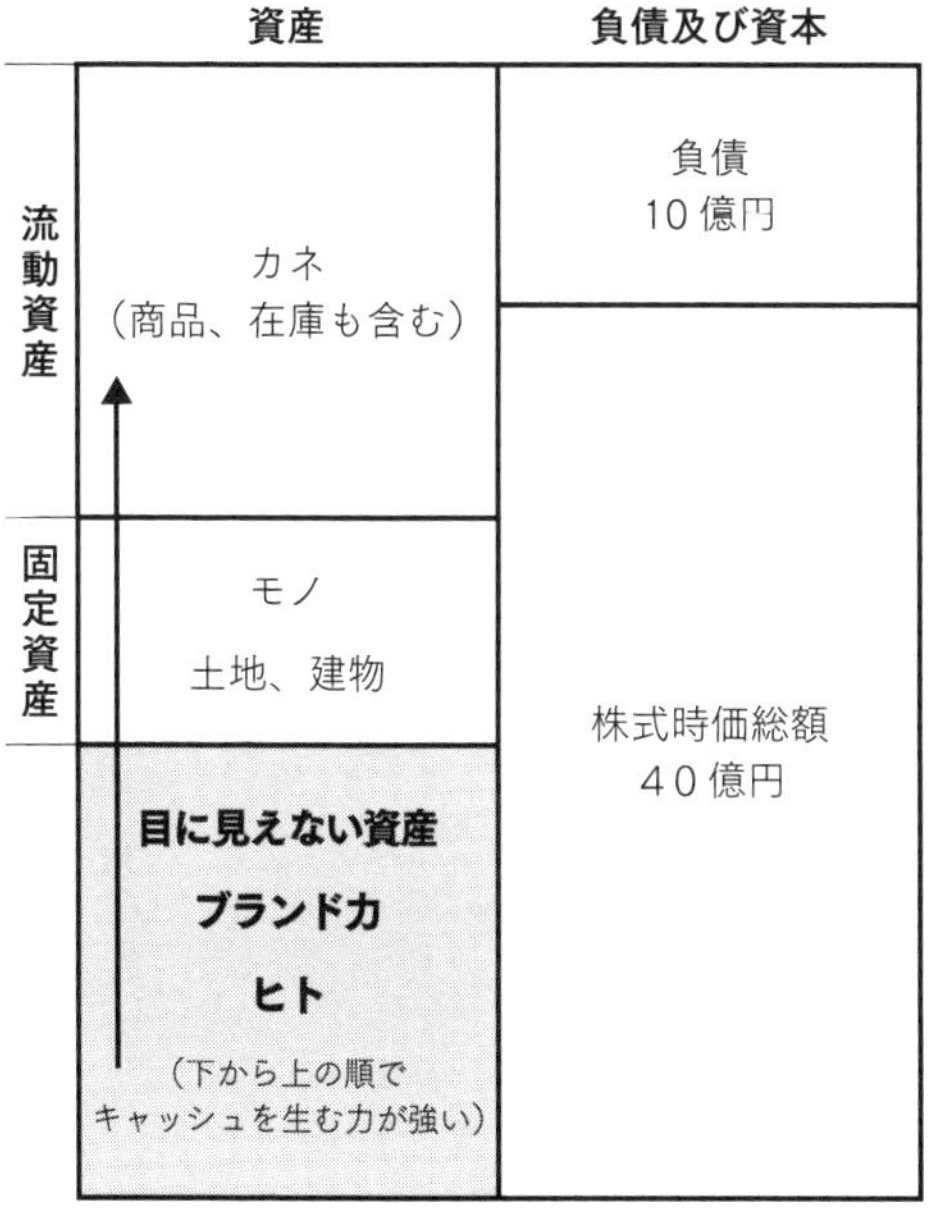

企業の資産の時価（企業価値）は五十億円、一方この企業の資産を清算したときの価値は三十億円。この差額二十億円をどのように考えたらよいのでしょうか？

実は、A社には簿価ベースのバランスシートに記載されていない資産がまだほかにあって、それが差額の二十億円を補っているのです。

見えない資産――その正体は「ヒト」や「ブランド力」といった無形資産です。

A社が保有するバランスシート上の資産は清算すると三十億円の価値しかないけれど、企業が継続的にビジネスをおこなうことでそこにヒトやブランド力が加わり、結果として二十億円の価値が生まれ、合計五十億円の価値になる。株主はこのように考えているので、A社の株式時価総額は四十億円で取引されているのです。

言い換えるなら、人材力やブランド力が弱い会社は株主にそっぽを向かれ、株式時価総額を上げるという現代の経営者にとっての最重要ミッションを遂行できないということです。

人材は企業にとってもっとも大切な財産である

さてここで、ふたたび簿価ベースのバランスシートの左側に目を戻してください。

左側の資産の部の項目は、現金化しやすい順番に並べるのが会計上の決まりになっています。具体的には、一番上に現金、預金、売掛金、その次に商品や在庫、最後に土地や建物などの固定資産という順番です。

このように**会計上では、「現金に変わりやすいもの」ほど優れた資産と考えている**のです。現金が足りなくなれば企業は倒産してしまいます。会計は企業の財務の健全性に視点を当てているので、このような考え方をするのです。

一方、時価ベースのバランスシートには固定資産のさらに下に「ヒト、ブランド力」という現金化が不可能な項目が追加されます。ファイナンスの観点（時価ベース）から企業の価値を評価する際には、簿価ベースのバランスシートとはまったく逆の順番――つまり「ヒト、ブランド力」→「固定資産」→「商品、在庫」→「現金、預金」という並び方になります。なぜならば、**ファイナンスでは「将来的にキャッシュを生む力」が大きい資産ほど優れた財産と考える**からです。

現金は銀行に預けた場合にわずかな金利がつくくらいで、ほとんどキャッシュを生むことはありません。商品は売ればキャッシュになるものの、値段以上のキャッシュは生みません。土地や工場などの固定資産は、将来にわたって賃料や商品を生み出すことができるため、キャッシュを生む力は商品そのものよりもさらに大きくなります。

そして、それ以上に大きなキャッシュを生むのがヒトやブランド力です。どんなにすばらしい工場や設備を有していたとしても、それを効果的に運用する人がいなければ宝の持ち腐れで、膨大なキャッシュにはつながりません。

たとえばトヨタ自動車が世界的な企業に成長できたのは「かんばん方式」をはじめとするさまざまなオペレーションで他社を凌駕《りょうが》したためです。日本一の時価総額を持つトヨタの価値は、最新鋭の工場や設備ではなく、それを使う人の知恵や仕組みやブランド力によって生み出されているのです。

ここで最初のクエスチョンに立ち戻りましょう。

「ヒト、モノ、カネ」の並び方にはどんな意味があるのか――?

もうおわかりでしょうが、これは「将来的にキャッシュを生む力」が強い順番、すなわち企業にとって大切な要因の「優先度」を言いあらわしています。**人材を「人財」と表記する会社もあるとおり、まさに人は企業にとってもっとも大切な財産**なのです。人がいなければ、企業は自社の製品やサービスに付加価値をつけることができず、株価を上げることもできません。

ですからあなたもぜひ、これからは「キャッシュを生む人」になることをめざしてください。

それはあなた自身の価値を高めると同時に、あなたの会社の価値を高めることにもなるのです。

「お金を持っている人」と「お金を稼ぐ人」はまったく違う

ファイナンスの世界では「キャッシュ」が絶対的な基準となります。

ただし、それは「キャッシュを持っている人が偉い」という意味ではありません。

先ほどのバランスシートの例からもわかるとおり、大事なのは現在持っているキャッシュの額ではなく、将来的に生み出されるキャッシュフローの大きさなのです。

この考え方は何も特別なものではなく、実はわれわれを含め世間一般の人たちも同じような価値判断をしています。

たとえば、昔からの資産家を英語で「オールドマネー」といいます。先祖代々の大地主で、働かなくても暮らしていけるような人を指す言葉です。

あなたはそんなオールドマネーをどう思いますか？

「うらやましいな」という羨望《せんぼう》の気持ちはわいても、「優れた人物だ」「有能だ」とはあまり思わないのではないでしょうか。

それはなぜかといえば、彼らが自分ではキャッシュを生んでいないからです。

いくら膨大なキャッシュを持っていても、それだけで本人の価値が高いとはいえず、評価や尊敬を得ることはできません。

キャッシュを持っている人より、キャッシュを稼ぐ人のほうが価値は高い――。

それはファイナンスの世界だけではなく、世間一般でも通用する図式です。

本書ではその〝常識〟にのっとって、キャッシュをため込むことではなく、キャッシュを稼ぐ力を最大化させるための方法を探っていきます。

百円預金してもらうために千円の通帳をばらまく！

会社から与えられた目標をうのみにして働いても、「キャッシュフローを生む評価の高い人」になれるわけではありません。

たとえば多くの場合、入社した営業マンが会社から与えられる目標は、キャッシュフローとは異なるものになります。「営業目標を達成することとキャッシュフローを生むことの違い」を、私自身の経験を交えて説明したいと思います。

私は大学卒業後銀行に入行し、大阪府内の支店に配属されました。銀行の支店には、預金を何億増やせ、貸し出しを何億増加させろ、というように本部から毎月いろいろな目標が与えられます。ある月の目標は「預金口座数を増やす」というもので、私は上司から近所を外交してくるように指示されました。ノベルティ（なんとそのときは会社のロゴ入りのカザグルマでした）を持って近隣の家庭を訪問し、銀行に新しく口座を開設してくださいとお願いして回るのです。この手の目標は私の入行した銀行に限らず、当時のほとんどすべての銀行に共通したものでした。

昨今では普通預金の口座を作るにもあれこれ煩雑な手続きが必要ですが、そのころは印鑑さえあればすぐに口座を開設できる時代でした。ですから外交もそれほどむずかしくはなく、近所のおばあちゃんなどは「若いのに大変ね」と言って比較的簡単に口座を作ってくれました。それでも与えられた目標件数を達成するには相当な体力と忍耐が必要です。

私も会社から与えられた目標だから達成せねばと頑張っていたのですが、途中でだんだんとバカらしくなってきた。そんな外交をしても銀行はちっとも儲《もう》からないからです。私が担当していたのは、失礼ながら裕福な方はあまり住んでいないエリアでした。そういう場所で口座を作ってもらっても、預金が増えるとは考えにくい。口座開設のために最初に百円だけ預金したら、あとはほぼ一〇〇％ほったらかしです。

一方、通帳を一冊とキャッシュカードを発行するには、およそ千円のコストがかかります。百円預金してもらうために千円の費用をかけるのだから、キャッシュフローはマイナス九百円となり、通帳を作るたびに銀行は損をすることになります。

当時の私には「会社に損をさせてはいけない」と、そこまで殊勝な考えはなかったけれど、自分の仕事が何の役にも立っていないことくらいはわかります。モチベーションが上がるはずもなく、ついには通りすがりにあったゴミ箱にノベルティを全部投げ捨てて帰ってしまいました。

キャッシュフローを考えるなら、やみくもに通帳口座の数を増やすことは愚策というほかありません。外交をするのであれば、キャッシュイン（預金額から発生する利益）とキャッシュアウト（通帳発行のコスト）の両方を加味し、プラスになりそうな顧客にのみアプローチするのが本来のあるべき姿です。

当たり前のことのようですが、その当たり前ができていない会社はたくさんあります。そして社員の多くは、自分の会社が理不尽な目標を掲げていることに気づかないか、気づいていても知らないふりを決め込んでいる。かつての銀行の行員も「こんな外交は無意味だ」と思いつつ、「目標は目標だからしかたがない」と一生懸命に取り組み、結果として会社に損をさせていたのです。

あなた自身はどうでしょう。会社から与えられた目先の目標や売り上げにばかり気をとられ、コストを度外視してはいないでしょうか。

自分の価値を高めるということは、キャッシュフローを生むということです。たとえ会社の方針だったとしても、キャッシュフローがマイナスになるようなやり方に諾々としたがっていては、自分の価値も会社の価値も損ねてしまいます。反抗したくてもできない状況もあるでしょうが、少なくとも「これはおかしい」と疑問をもつことが大切です。

なお、最近の銀行はキャッシュフロー経営を重視していますから、このような目標を与えることはありません。仮に銀行に数千万円の預金をしたとしても、銀行からお礼の電話が来ることはまずないでしょう。現在は運用利ザヤ（貸出金利と預金金利の差）が小さすぎてその程度の預金ではたいしたキャッシュフローを生まないからです。

余談ではありますが、私が外交を放棄してノベルティを捨てて帰った翌日、ゴミ箱の持ち主から銀行に苦情の電話がかかってきました。幸いにも電話を受けたのが私と仲のいい行員で、上司には回さずにうまく対処してくれたので事なきを得ましたが、発覚していたら大目玉をくらったことでしょう。

若気の至りとはいえ、自分のやり方も実に愚策であったと反省しています。

「キャッシュ」は最高にクリアで公平な評価基準である

評価の基準としてすぐに思いつくのは、会社の大きさ、会社での肩書や学歴、持っている資格などでしょう。

しかし、これらの基準はすべて相対的なものであり、組織にどれだけ貢献しているかを示す絶対的な基準ではありません。たとえば肩書をとってみれば、組織が違えばその重みは大きく違うし、同じ組織内であっても比較のむずかしいものもあります。銀行の肩書には「次長」と「部長代理」がありましたが、外部から見ればどちらが偉いかなどまったくわかりません。

繰り返しになりますが、人を評価するうえでもっとも透明で公正な基準が、その人が生み出すキャッシュフローなのです。

読者の中には、人の価値をキャッシュに置き換え、人を「円」という単位であらわすことに抵抗を感じる方もいるかもしれませんが、私はキャッシュ以上にフェアな評価基準はないと考えています。

同じ会社の同じ部署でも、稼ぐ人と稼がない人がいます。稼ぐ人の中にも、湯水のように経費を使う人、堅実に経費節減に励む人などさまざまなタイプがいます。彼ら一人ひとりがどれだけ会社に貢献しているかを測るには、**各自が会社にもたらすキャッシュフロー（稼ぎから費用を除いたもの）がもっとも適切な評価のものさし**となるのです。

営業だけではなく、総務、経理、システムなどのいわゆるコストセンターといわれる部署も例外ではありません。コストセンターの場合は「いくら利益を出したか」ではなく「どれだけ業務を効率化し、いくらコストを削減したか」で考えて、貢献度の高い人を評価すればいいのです。

ひるがえって、キャッシュフローという基準がなかったとしたらどうか。おそらくは上司におべっかを使う人や、世渡り上手なタイプの人ばかりが評価されて、真に会社に貢献している人が貧乏くじを引くことになるでしょう。

キャッシュフローを基準にすると、仕事への取り組み方も変わってきます。業務にひそむムダに敏感になり、効率よく働こうという意識が芽生えます。「百円の預金のために千円の通帳を発行する」といった矛盾にも気づけるようになるのです。

それはつまり、目先の仕事だけではなく、まわりがよく見えるようになるということです。そうなるとキャッシュインをより多く得る方法、キャッシュアウトをより減らす方法もわかってきて、結果としてさらに多くのキャッシュフローを生めるようになる。こうしてキャッシュフローという基準をもつことは、あなたの価値を高める第一歩なのです。

「肩書」はキャッシュフローを生まない

繰り返しになりますが、企業人としてのあなたの単位は「円」であり、あなたの価値を決定するのはあなたが生み出すキャッシュフローの大きさです。この基準で自分を高めていけば評価は必ずついてくるし、仮に今の会社を辞めて転職や起業をしたとしても、あなたの価値が目減りすることはありません。

その対極にあるのが、肩書こそ自分の価値だと考える人種です。どの業界、どの会社にもこの手の人はびっくりするほどたくさんいます。

私が少し前に会った〝自称コンサルタント〟もそうでした。

その人は某大手銀行を早期退職して自分でコンサルタント会社を立ち上げたというのですが、パンフレットを見せてもらうと、そこに書かれているのは銀行員時代のことばかり。それも「銀行でこんな実績をあげました」という話ではなくて、何年に〇〇銀行に入行し、何年に〇〇支店の支店長になって、自分の後任である某《なにがし》はなんと今では頭取になっているとか、そんなことばかり羅列しているのです。

クライアントが知りたいのは銀行員時代の肩書ではなく今のコンサルタント会社の実績なのに、パンフレットにはまったくその情報がない。それをたずねても、うやむやな答えしか返ってきません。語れるほどの実績がないからでしょう。

それでいてプライドだけはすこぶる高く、常に上から目線でものを言う癖が身に染みついている。そんなことでは顧客がつくわけがありません。肩書にばかり頼り、自分の価値を高めることを怠ってきた人の末路を見た思いでした。

会社の看板や肩書は、その会社にいる間はたしかに効力を発揮します。大手銀行の看板があれば取引先もむげな対応はしないでしょうし、名刺に支店長と書かれていれば丁重に遇されると思います。

ただし、それはあくまでも社名や肩書に向けられた敬意であって、その人自身が評価されているわけではありません。銀行を辞めて看板が外れてしまえば「ただの人」であり、かつての取引先へ営業に出向いたとしても、おそらくは手のひらを返したような冷たい対応を受けることになるでしょう。

かくいう私自身も、大手企業を退職して自分で会社を設立したばかりのころは、少なからず会社員時代とのギャップを感じたものです。

こうした「肩書病」は大手企業の社員に比較的多く見られます。肩書の力と自分の実力を混同すると、あとで手痛いしっぺ返しを受けることになります。そうはなりたくないと思うなら、**立派な肩書を得ることではなく、自分の価値を高めることを目標**

にしてください。

「社長になったつもり」で仕事をする

ファイナンス的にものごとを考える習慣をつけるには「疑似社内起業」をするのが一番です。

世間一般でいう社内起業とは、会社内で新規事業を立ち上げて、あたかも独立したベンチャー企業のように運営することを指しますが、私が言いたいのはそんな大げさなことではありません。**自分は「自分株式会社」の社長であり、自分の机は社長席だという意識で仕事をする。**それだけでいいのです。

社長になったつもりで働くと、日々の仕事がまるで違ったものになります。

一営業マンならとりあえず受注を取るだけで合格かもしれませんが、社長となればそうはいきません。社長の使命は自社の現在価値（ＰＶ）を高めることですから、「ＰＶ＝ＣＦ÷Ｒ」の計算式にしたがってキャッシュフロー（ＣＦ）を伸ばしつつ、割引率（R）を最小にする方法を模索する必要がある。割引率については第3章で詳しく説明しますが、要するに確実性の高いビジネスをおこなうことが肝要だということです。

疑似社内起業によって具体的に何が変わるかといえば、まず目先の利益にとらわれることなく、長期的にキャッシュフローを生み出そうと考えるようになります。

一社員の立場であれば、少々都合の悪いことを隠してでも顧客に強引に商品を売りつけ、今期の売上目標を達成し多くのボーナスをもらおう。もし顧客からクレームなどが来ても上司に投げるか、いざとなれば会社を辞めてほかの会社に移ればよい、などと考えがちになります。

しかし社長の立場で仕事をすれば、目先の利益よりクライアントと長く安定的なおつきあいが続けられることを重視し、むちゃな営業などはしなくなります。

さらに、コスト意識をもつことで、ただ売り上げをあげるためだけに安易な値引きをしようという考えもなくなります。取ってきた仕事を社内で処理するにしても、スタッフの能力や人件費を考慮して、誰に頼めばもっとも効率がいいかを考えるようになります。

また、同僚や上司に対する見方も変わってきます。

社長である自分にとっては、彼らは同じ会社の人ではなく、対外的な顧客やビジネスパートナーとなります。気が合うか合わないか、優しい性格なのか厳しい人なのか、などといった表層的な好き嫌いの評価ではなく、「この人は自分のキャッシュフローに貢献してくれるのか」「この上司をどのように使ったら自分のキャッシュフローを増大することができるのか」といった見地で相手との関係を考えるようになるのです。

このように**社長になったつもりで常にファイナンス的なものの見方を意識して行動すれば、あなたが会社にもたらすキャッシュフローは増大し、結果としてあなたの価値や評価も上がっていきます。**

「自分はしょせん雇われの身だから」という気持ちでいるうちは、こうはいきません。目先のノルマを達成するため、あとさき考えず顧客に無理を強いたり、会社の利益なんか知ったこっちゃないとばかりに経費をムダ遣いしたりと、どうしても自分に甘くなってしまいがちです。

そんな意識ではいつまでたってもファイナンスのセンスは身につかないし、自分の価値を高めることもできません。心当たりのある方は、明日からでも「疑似社内起業」にトライしてみてください。

社長が会社の玄関を掃除する、たったひとつの理由

経営者と社員（被雇用者）は何が違うのか。

それを端的に教えてくれるのが「経営者が自ら自社ビルの玄関を掃除する」といったたぐいのエピソードです。この手の話は「立場が偉くなっても初心を忘れない」とか「お客さまへの感謝の気持ちを込めて玄関を美しく保つ」といった美談として語られがちですが、私が思うに、経営者が玄関を掃除するのはそんな崇高な理由からではありません。

経営者は、会社を自分のものだと思っているから会社を大事にする――。ただそれ

だけのことでしょう。

誰だって「みんなのもの」よりは「自分のもの」を大切にします。会社の床にゴミが落ちていても拾わない人でも、自分の部屋ならせっせと掃除をするでしょう。経営者はその感覚で、自分の会社をきれいにしているにすぎません。

種明かしをすればつまらない理由ではありますが、実はこれこそがあなたに身につけてほしい経営者感覚の正体です。


会社は自分のものであり経費は自分の財布から出すものである。そう思えば自然とムダ遣いはしなくなるし、給与が増えればその分だけ会社にキャッシュをもたらさなければというコスト意識も強くなります。

経営者の感覚で日々の仕事に取り組めば、あなたの信用は高まり、会社にもたらすキャッシュフローも増大し、結果としてあなたの価値が高まるのです。

確実に「出世」するための方程式は存在しない

ファイナンス的に価値が高い人は、どんな業界のどんな会社でも確実に評価されます。ただし、その評価とは必ずしも「人事的評価」のことではありません。

最近ではギラギラと出世意欲を燃やす若者が減ったといわれていますが、それでも出世願望がゼロだという人は少ないでしょう。口では出世なんて興味がないと言いつつも、それは出世競争に敗れたときのために予防線を張っているようなものであって、心の底には「同期には負けたくない」という気持ちがあるのではないかと思います。

そのこと自体は決して悪いことではありません。自分の力をきちんと評価してほしいと思うのはビジネスマンとして当然のことです。

けれども、**評価が必ずしも出世につながるとは限らない**ということは覚えておいてください。出世はある種〝時の運〟でもあるからです。

私が銀行に入行したおよそ三十年前は今よりずっと出世競争の激しい時代で、四百名以上いた同期の目標はほぼ例外なく「出世して取締役になる、あわよくば頭取になる」ことでした。口には出さずとも、みんな共通の野望を抱いていました。もちろん私も例外ではありません。

そんな状況下、入行早々に頭ひとつ抜きんでたのは人事部や経営企画部、本店営業部など花形部署に配属された同期でした。とくに銀行において人事部は絶大な権力をもっており、そこに配属されるということは出世が確約されたようなものでした。

しかし、将来を嘱望されるエリートもある程度の地位まではいきますが、全員取締役になれるわけではありません、当然ですが「取締役の定数枠は決まっている」からです。

どんなに優秀な人でも、自分よりほんの少し仕事ができる、またはほんの少し運が良い人がいれば、出世の道をその人に譲らなければならないのです。

ちなみに、あとあと聞いた話では、有望視されていた知り合いは誰一人として目標を達成することはできませんでした。その後ほかの銀行との合併により、取締役レースはいっそう厳しいものとなったからです。

私の知り合いの同期の中で唯一、取締役の椅子に納まることができたのは、意外にもシステム部の人でした。

銀行のシステム部は、本店営業部などとは対極的に日の当たりにくい地味な部署でした。営業部のように実際にお金を稼ぐ「プロフィットセンター」の部署ではなく、経費を費やす「コストセンター」だったからです。

そんな非エリートコースであるシステム部にいた同期が取締役になれたのは、もちろん彼の努力や能力もありますが、まさに時の運もありました。

銀行の合併時に起きた大規模なシステムトラブルなどの教訓から、「システムに詳しい人が役員にいなければ」ということになり、システム歴の長い同期の彼が抜擢《ばってき》されたと聞いています。

このように人事は外的要因で決まります。本人の努力も当然ながら必要ですが、同期のみんなも一生懸命に頑張っている状況では差は生まれにくく、確実に役員になるための方程式は存在しないのです。

そもそも、前述したように**疑似社内起業しているのであれば、あなたはすでに「社**

長」なのだから、まわりの出世レースに巻き込まれることはないはずです。傍観しつつ、自分の価値を上げることに集中しましょう。

自己成長を基準にすると「ストレス」が消える

人事は時の運であり、努力したからといって必ずしも結果が出るとは限らないといいました。そのため出世を仕事の目標にしてしまうと「頑張っているのに報われない」という不満がつきまとい、ストレスを抱え込むことになります。

銀行員時代の私もそうでした。私だけではなく当時の銀行マンにとって出世はレゾンデートル（存在理由）でしたから、みんな人事の動向にはとても敏感で、辞令が出るたびに一喜一憂していました。当然、同期が自分よりも早く出世したり花形の部署に異動したりすれば、心穏やかではいられません。

でも人事が時の運である以上、いくら気をもんだところで自分にできることなどないに等しいのだから、そんなことは心配するだけ時間のムダというものです。

しかも人事評価はあくまでも相対的かつ主観的なものです。誰に比べてどういう点で優秀だとか、会社の文化にマッチしているとか、誰それの派閥に属しているとか、上司の覚えがいいとか、人事評価の基準は会社によって異なります。

会社独自のものさしで良い評価を得て肩書がついたとしても、そんなものは会社を離れてしまえばほとんど意味をなさないのです。

そんな不確かな評価を気にして人事情報に翻弄《ほんろう》されるくらいなら、自分の現在価値（ＰＶ）を高める方向に舵《かじ》を切り替えたほうがずっと建設的です。

ＰＶを高める方法は第2章以降で詳しく述べますが、**「何をすれば明日の自分は今日の自分より価値が出るか」**を念頭に毎日の仕事に向き合ってください。そうすればさまざまなものが見えてくるはずです。

出世とは異なり、ＰＶは努力を裏切りません。ＰＶは頑張れば頑張った分だけ着実に高くなるし、その価値はどこへ行っても通用します。他人との比較で自分を判断する必要がなくなるので、「同期のあいつに後れをとった」なんていうストレスとも無縁になります。

一番ダメなパターンは、出世願望をこじらせて、人事情報の収集に血眼になることです。

どんな会社にも一人くらいは人事情報にやたら精通している人間がいて、「○○は上司とそりが合わず、今度△△支店へ左遷させられるらしい」なんてネタをいち早く仕入れてきたりしますが、そういう人はＰＶと出世、どちらにも無縁になると相場が決まっています。

人事情報に執着するということは、相対的にしかものごとを見られないということであり、自分の絶対価値を磨くマインドが低いと自ら告白しているようなものです。同時に人間的にも小さいとみなされ、評価されません。結果、ＰＶが上がらないのはもちろんのこと、誰よりも人事ネタに詳しいのに自分は出世できないという悲しい結末を招くことになります。

「鈍感力」が身を助ける

出世を仕事の第一目標にしている人は、常に人事や上司の目を気にして行動することになります。

とくに日本の会社では多くの場合、どこに配属され、どんな上司に就くかで働き方が変わってきます。銀行に新しく支店長が着任すれば、行員たちはこぞって彼のバックグラウンドや好みを調べ、彼に気に入られるように行動しようとします。

ですが、それで自分の価値が高まるか、より多くのキャッシュを生めるようになるかといえば、そんなことはまったくありません。むしろ上司対策に時間とエネルギーを回す分、自己研鑽《けんさん》は間違いなくおろそかになるでしょう。

しかも、そうまでして上司に取り入ったとしても、自分か上司のどちらかが異動になればそれまでであって、また新しい上司のもとで一から自分の行動原理を模索する必要に迫られます。

その点、自己成長をベクトルにしている人は違います。**どこに配属されようが誰が**

上司になろうが目標はただひとつ、より多くのキャッシュフローを生んで自分の現在価値（ＰＶ）を高めることなので行動にぶれがありません。

銀行時代の友人に、非常に仕事のできる人がいました。彼は東京大学の法学部を出ており幹部候補としても有力視されていました。

しかし、配属された部署は先ほども登場したシステム部であり、銀行員がめざす本流とは少し離れたセクションでした。出世欲やエリート意識がある同じ部署の人たちは酒の席で「早くこの部署から抜け出して、花形部署に行きたい」とぼやいていたようです。

しかし、彼はたまたま与えられたシステムの仕事に興味がわいたのか、システムエンジニアの道を究めたいと考えました。

文系にもかかわらず理系でもむずかしい特殊情報処理技術者試験に合格するべく昼休みの時間も惜しんで猛勉強し、晴れてその難関を突破したのです。今は銀行も辞めて、別の会社でその道の第一人者として活躍しています。彼は他人の目で見た相対的な評価軸である「花形部門で出世すること」は歯牙《しが》にもかけず、自分のシステムエンジニアとしてのＰＶの増加、つまり「自己成長」を評価軸にしたのです。

また別の友人は、銀行本体から系列のプライベート・エクイティ・ファンドに出向を命じられました。往復切符なので数年たてばまた銀行に戻り、出世の道が待っていたのですが、そのファンドの仕事がおもしろくなってしまい、結局銀行を正式に辞めてその系列のファンドに転職しました。銀行本体での出世を考えたのならば彼の行動は愚行に映ったかもしれませんが、仕事のやりがいを評価軸にするならば、間違いなく賢明な選択です。

銀行に戻っても役員になっていなければ、五十歳を過ぎたあたりで片道切符の出向が待っています。そこでは必ずしも第一線で仕事に就ける保証はありません。彼はそこまで深読みしたわけではないのでしょうが、結果として五十歳を過ぎても、業界のスペシャリストとして第一線で会社を動かしているのです。

二人の例でもわかるように、出世ではなく自己成長を目標にすることには多くのメリットがあります。会社員である以上、肩書や働くセクションを気にしないというのはむずかしいかもしれませんが、**あなたにはぜひとも人事的な評価を無視するくらいの「鈍感力」を身につけてほしい。その鈍感力が、さまざまな場面であなたの助けになる**からです。

ルーチンワークでも仕事に「意義」を見いだせる

漫然と仕事をしていると、ときに「自分は何のために働いているのだろう……」とむなしい気持ちになることがあります。変化の少ないルーチンワークに従事している人や、コストセンターで働く人に多く見られる傾向です。

このように仕事の意義を見失ってしまう原因は、キャッシュという基準をもたないことにあります。自分の仕事の価値をキャッシュに落とし込むという発想がないから、自分がどれだけ会社の役に立っているか、自分がどれだけ成長できているかがわからず、仕事にやりがいを見いだせなくなるのです。

営業と同じように、コストセンターの人だって自分の価値を「円」に落とし込むことは可能です。その場合は「いくら売り上げたか」ではなく「いくらコストを削減できたか」で考えればいいのです。

たとえば新しいソフトウエアを開発したことで、今まで五分かかっていた作業を一分で処理できるようになった。セーブできたのは四分間だが、千人の従業員が毎日一回そのソフトを使っているとすれば、一日に四千分＝約六十七時間も削減できたことになる。従業員の給与を時給に換算したとき、それが平均三千円だとすると、毎日およそ二十万円の節約になる。

あるいは総務なら、コストの低いコピー機を探してきて入れ替える。日々のコピー量は膨大なので、コピー代を一％節約するだけでも効果は絶大であり、しかもその効果は年単位で継続する……。

このように自分の仕事をキャッシュに換算すれば、「今月はこんなに経費を節減できた」と仕事の成果や自分の成長ぶりを具体的に実感することができます。

自分が会社に貢献していることも確認できるので、仕事の意義を見失うようなこともありません。

またファイナンスの観点でいえば、この毎日節約できる二十万円の価値は、優秀な営業マンが一日で稼ぐ二十万円より高いといえるのです。これも第3章と関連しますが、毎日の節約二十万円は将来も必ず達成される利益なのに比べ、営業で稼ぐ二十万円は今後も継続できるかどうかわからない不確かな利益だからです。

コストセンターにいるからといって悲観することはありません。あなたの仕事は営業職同様に、いやそれ以上に会社のキャッシュフローに貢献しているのです。

もしどうしても意義を見つけることができない仕事であれば、その仕事は会社にとってても自分にとっても不要な仕事なのかもしれません。さっさと転職を考えましょう。

自分の「バランスシート」を書いてみよう

社内での相対的評価にこだわる無意味さ、自分の絶対価値を高めることの大切さは、もう十分におわかりいただけたことでしょう。

自分の絶対価値を高める方法に入る前に、まずは現時点でのあなたの価値をざっくりと算定してみましょう。方法はいたって簡単、あなた自身の「バランスシート」を書いてみるのです。

バランスシートの左側の「資産の部」は、いわばあなたの財産目録です。企業のバランスシートと同じように、上から現金、預金、腕時計や貴金属などの貴重品、投資用不動産、自宅マンション……というように、換金しやすい順番に資産を書き出してみてください。

右側の「負債の部」には住宅ローンなどの借金を記し、その下はブランクとします。このブランクは資産総額から借金を差し引いた額であり、あなたの「財産価値」をあらわしています。

さて、あなたの手元にはどんなバランスシートができあがりましたか？

ここでは、ある二人のバランスシートを比較してみましょう。

Aさんには先祖から受け継いだ預金や土地などの不動産があり、現時点でも相当な財産が積み上がっています。かたやBさんは自宅マンション以外にとくに目立った資産はなく、おまけに住宅ローンが重みとなり、自分の財産はほとんどありません。

一般的な財産目録の比較であれば当然Aさんのほうがお金持ちとなりますが、バランスシートの資産の部にはもうひとつ、忘れてはならない項目があります。

そう、それは「あなた自身」です。企業のバランスシートに「ヒトやブランド力が将来的に生み出すキャッシュフロー」という見えない資産が隠されているように、**あ**

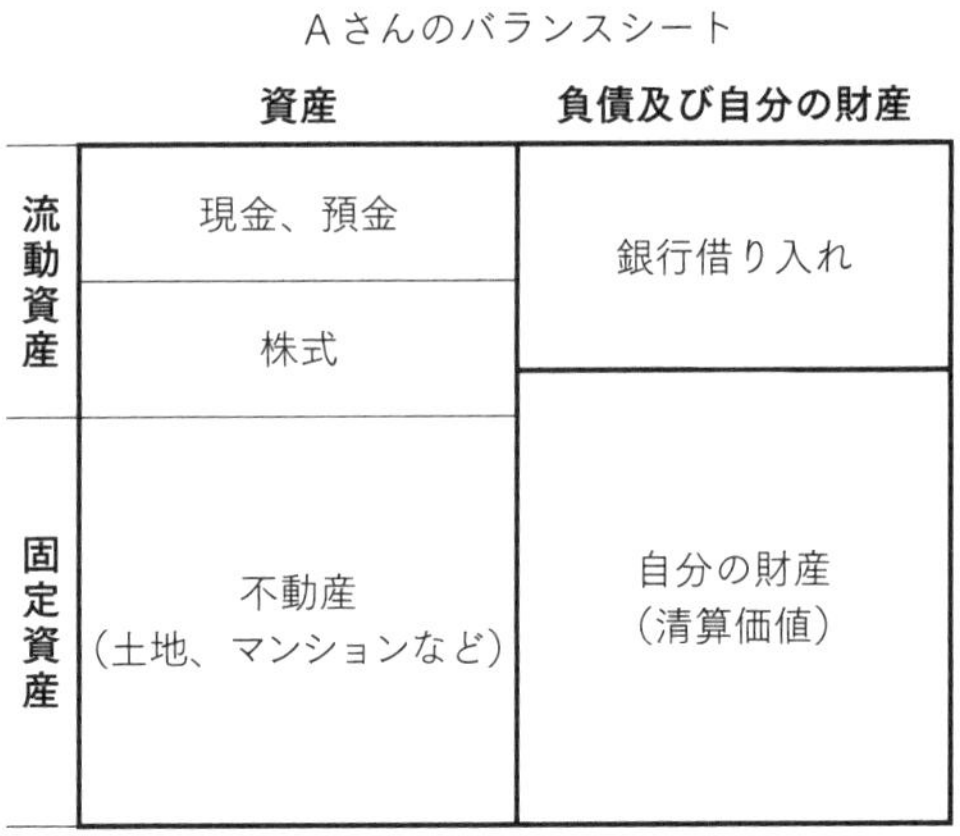

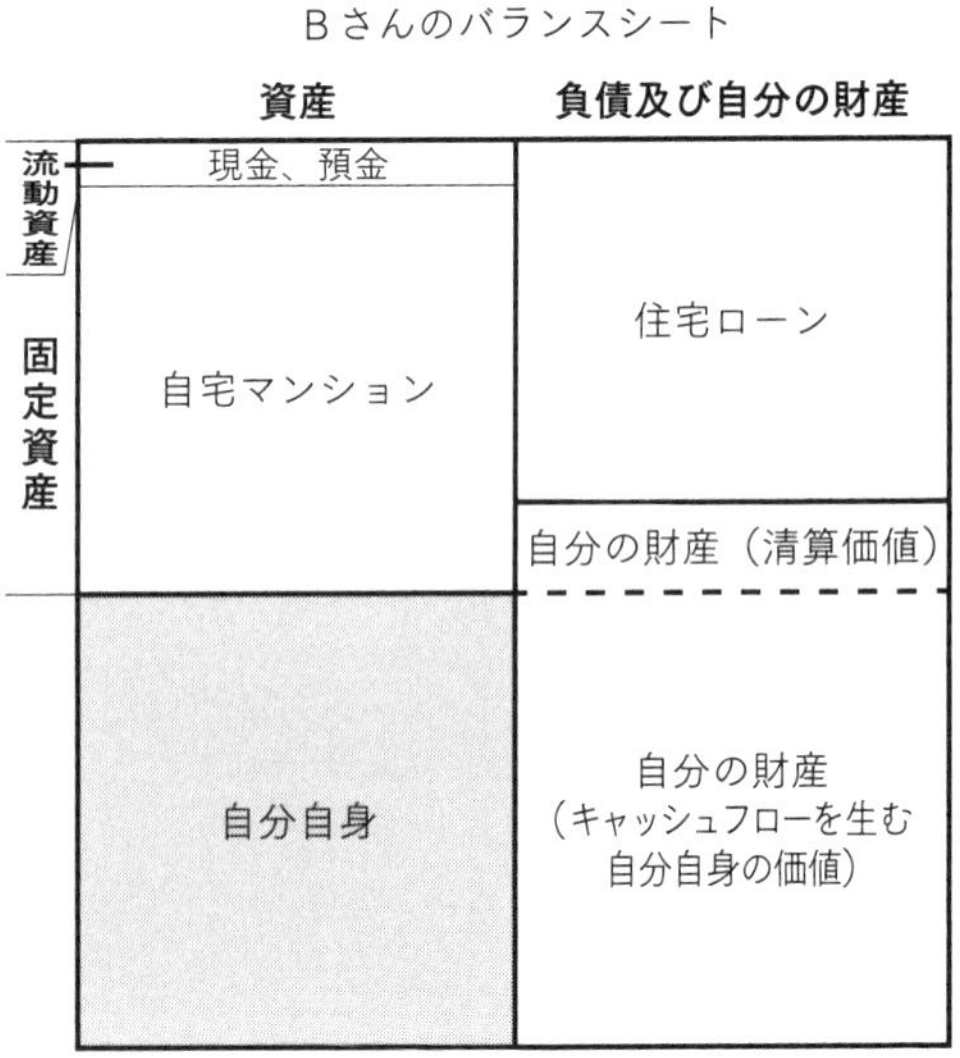

なたのバランスシートにも「あなた自身が将来的に生み出すキャッシュフロー」という項目がなくてはなりません。

「自分の財産（清算価値）」が大きいからといって喜ぶのは早計です。このバランスシートでもっとも重視すべきはそこではなく、資産の一番下にある「自分自身」です。いくらトータルの財産が大きくても、肝心の自分が小さいようではファイナンス的に価値の高い人間とはいえず、評価もされません。

その理由は次の項で詳しく説明します。

株や不動産ではなく、自分自身に「投資」せよ

バランスシートの左にある総資産の大きさは、主に二つの要素で決まります。ひとつは預金や不動産などの有形資産であり、もうひとつは目に見えない「自分自身」という資産です。

すると、バランスシートの右下の「自分の財産」は、資産を売却して手元に残る「清算価値」と「キャッシュフローを生む自分自身の価値」の合計になるということがわかります。

どちらが大きくなったとしても結果として「自分の財産」は増加しますが、本書がすすめるのは不動産などの有形資産を増やすことではなく、自らキャッシュを生む力を磨き、「キャッシュフローを生む自分自身という資産」を大きくすることです。

あなたが資産家の家に生まれて、親から財産を引き継がないかぎり、「清算価値」を増やすことはできません。しかし**「自分自身の価値」はたとえ貧しい家に生まれたとしても、本人の心がけと努力で無限に大きくすることができる**のです。

不動産に投資して賃料を得るのも、自分が働いて給与をもらうのも、キャッシュを生むという意味では同じではないかと思うかもしれませんが、その性質はまるで異なります。

マンションなどの不動産の賃料は「不労所得」にあたります。読んで字のごとく働かずに得られる所得という意味ですが、どうして働かないのにお金が入ってくるかといえば、人間の代わりにマンションが働いて賃料を稼いでいるからです。人間はその分け前をもらっているにすぎません。

この場合、キャッシュを生んでいるのは自分ではなくマンションです。つまりファイナンス的に価値があるのはマンションであって、自分ではないのです。何とも寂しい話だと思いませんか？

しかも不労所得に頼って生きることは、かなり危険なことでもあります。

たとえば、不動産市況がクラッシュする。

銀行から急にお金を返せと迫られる。

そうなったとき、自分でキャッシュを稼ぐ力がない人は、虎の子の不動産を手放すほかありません。そして不動産をすべて売り払ったあとのバランスシートには「ちっぽけな自分」しか残らないのです。

もし不況になって持っている不動産や株式の価値が大きく下がった場合、Ａさんは全資産を売り払っても借金を返すことができない、いわゆる「債務超過」に陥ってしまいます。

一方Ｂさんの場合、自分自身のキャッシュフローを生む力を落とさないかぎり、実質的な債務超過には陥りません。どれだけマンションの価値が落ちたとしても、毎月のローン返済の金額が変わるわけでもなく、彼の生活は不況に際しても変わることがないのです。

そもそも不動産などの有形資産は譲渡可能なものです。譲渡可能なものはすべて、外的要因によって自分の手を離れてしまう可能性があります。その意味で、有形資産が大半を占めるバランスシートは脆弱《ぜいじゃく》なのです。

だから私は、声を大にして言いたいのです。

不動産投資に力を入れるくらいなら、自分に投資をしようではありませんか！

「自分自身」は譲渡不可能な資産です。外的要因により現金や不動産をすべて失ったとしても、自分だけは絶対に残ります。

自分の力は一生モノです。その意味で、自分はもっとも安全な投資対象なのです。しかも自分に投資してキャッシュを生む力をつけておけば、一時的に苦境に立たされることがあったとしても、必ず乗り越えて復活することができます。

その典型が芸能人です。大物芸能人が投資に失敗して何億、何十億円もの借金を抱えることになったというたぐいの話は、ワイドショーなどでしばしば耳にします。

億単位の借金となれば、われわれ一般人なら目の前が真っ暗になってしまうところですが、テレビの画面越しに見る当人はそれほどめげている様子でもありません。なぜかといえば、彼のバランスシートには「自分自身」という大きな資産が残っているからです。

自分にキャッシュを生む力があるかぎり、借金なんてどうにでもなる――。

画面の中の大物芸能人は、そんなふうに考えているように私には思えるのです。

若いうちは「自分」という資産を有効に活用するべき

私が不労所得に頼る生き方に否定的なのは、個人的な体験も影響しています。

実をいうと、私もかつて不動産投資による収入で生計を立てようと考えたことがあります。外資系銀行を早期退職したあと、今の会社を立ち上げる前のことです。それまで過酷な業界で身を粉にして働いてきたので、これからはのんびり楽をして生きていこうと考えたのです。

投資はそこそこうまくいき、家賃収入だけで何とか生活できるようになりました。朝は好きな時間に起きて、昼間は映画を見たりゴルフをしたり温泉に出かけたり……。サラリーマン時代に夢見たとおりの自由気ままで楽しい時間でした。

ところが半年もしないうちに、そんな毎日に嫌気がさしてきた。あまりにも退屈だったのです。まだ四十代だというのに社会とかかわりをもつこともなく、遊んで暮らしていることにむなしさを感じるようにもなりました。

また、そんな暮らしをしているとつきあう相手も変わってきます。バリバリ働いている同世代の友人とは疎遠になり、土日関係なく暇をもてあましているような人——たとえばオールドマネーと呼ばれる地主の息子など、やはり不労所得で生きている人とよく知り合うようになりました。

彼らオールドマネーがどういう生活をしているかというと、とにかく毎日毎日遊んでいる。青年会議所のようなところで仲間と落ち合ったら、昼間から連れだって飲みに出かけていく。夜は夜で河岸《かし》を変えて飲みつづける。ふつうの人なら一日、二日で飽きてしまいそうなものですが、彼らはずっとそういうふうに生きてきたから、それが当たり前になっているのです。

私は彼らを見て、皮肉ではなしにかわいそうだと思いました。親や祖父母の代から金持ちで働かなくても生きていける環境にあると、自分を磨いたり上をめざしたりする必要がない。だから遊びに興じるだけの毎日でも平気で、自分の生き方に何の疑問も抱かない。若いうちから不労所得で生きるとはそういうことなのです。

こんなことではいけない――。

結局、半年ほどでアーリーリタイアメント生活には見切りをつけ、一念発起、起業して今に至るというわけです。

昨今では不労所得で生活することが賢い生き方であるかのように喧伝《けんでん》され、書店には投資のノウハウ本がずらりと並んでいます。読者の中にも、いずれは自分もと考えている方がいるかもしれません。

しかし定年後ならともかく、**若いうちは自分でキャッシュを生むことができるのだから、その「自分」という資産を有効に活用すべき**です。

それに、もしも日本の若者がみんな不動産収入で生きていこうと考えたら、日本は沈没してしまいます。不労所得に頼らず、自分を生かしてキャッシュを生むことは、自分だけではなく社会のためでもあるのです。

「将来のキャッシュフロー」を最大化するために今すべきこと

将来のキャッシュフローを大きくするために必要なことはたった二つ、「土台作り」と「実績作り」です。

実績作りの具体的な方法論については第2章に譲るとして、とくに若い方に必要なのは土台作りです。そのためには不動産ではなく、自分自身への投資をしなければいけません。自分に投資をするということは、将来のキャッシュフローを最大化するための行動に時間やお金や労力を投入するということです。そうすれば「自分」の価値は高まり、盤石なバランスシートができあがります。

そのためにはまず「将来のキャッシュフローを最大化するために今、何をなすべきか」を常に考える習慣をつける必要があります。今は勉強のときだと思えば勉強し、現場で足腰を鍛えるべき時期にはそうするのです。

簡単なことのようですが、若い人ほどこれができない傾向にあります。たとえば希望と違う部門に配属されたりすると、もうそれだけで仕事への情熱を失って転職しようかと考え出す。あるいは、せっかく会社が社員教育の場をもうけてくれているのに、適当にやればいいだろうと生半可な気持ちで取り組んでしまう。そんなことではいつまでたっても自分の価値は上がりません。

私の会社にもそんな若手社員がいました。新卒で入社して二年目の彼は、ある日私に「転職するつもりだ」と申し出ました。誰もが知るような大手企業で働いてみたいというのがその理由でした。

彼の気持ちもわかります。若いうちはとかく大手企業がカッコよく思えるものだし、しかも弊社の社員の多くは大手企業からの転職組なので、先輩社員の話を聞いて「この人のように自分も大手で経験を積みたい」と考えるようになったとしても不思議ではありません。

けれども新卒二年目といえばまだぺーぺーであって、実績などないも同然です。彼は私に相談した時点ですでに転職先から内定を得ていたのですが、話を聞けば案の定、次の会社では新卒扱いからのスタートになるということでした。それはつまり、うちの会社で一年間やってきたことはまったく評価されず、一年間の頑張りがムダになってしまうということです。

詳しくは第2章で述べますが、将来のキャッシュフローの土台となるのは過去の実績です。これまでいくら稼いでいたかを参考に「この人は今後これくらいのキャッシュフローを生むことができるだろう」と評価されるのです。

よく「転職したいと思っても三年は我慢しろ」なんて言われるのはこのためです。少なくとも三年くらいは同じ会社で働かなければ、実績らしい実績はできません。また、同じ会社にいれば一年目の成果をふまえて二年目にはより高度な仕事を任されるようになるけれど、新卒二年目の彼のようにすぐに会社を辞めてしまうと、それまでの積み重ねがリセットされてまた一からの出発になってしまいます。

「将来のキャッシュフローを最大化する」という観点からすれば、実績もないうちに会社を変わることはおろかな選択です。とんでもないブラック企業で、ここで働きつづけても得られるものはひとつもないという状況であれば別ですが、そうではないのであれば、まずは今の環境で実績をつくること――。それが将来のキャッシュフローを最大化させる足がかりとなるのです。

回り道のように思えるかもしれませんが、土台固めは若いうちにしておくに越したことはありません。

飛行機の離陸を思い浮かべてみてください。最初に離陸するときは相当なエネルギーが必要になりますが、水平飛行になってしまえば、あとは比較的少ないエネルギーで高度を維持することができます。

その高度がどれくらいになるかは、離陸時のエネルギーの量で決まります。たくさんのエネルギーを使えば高くまで飛び立てるけれど、エネルギーを惜しめば低空飛行にとどまります。

人間もこれと同じで、**若いうちに自分の価値を磨いておけば将来は楽々と大きなキャッシュフローを生めるようになりますが、努力を怠ればいつまでも低空飛行が続きます。**

社会人になってからの「勉強」は楽しい

土台作りには「勉強」も必要です。

勉強と聞くと、それだけでもう「勘弁してほしい！」と思ってしまうかもしれませんが、そのイメージはいったん捨ててください。学生時代の勉強とは異なり、社会人になってからの勉強は意外と楽しいものなのです。

学校の勉強が苦痛なのは、「勉強させられている」からです。将来何の役に立つのかがあいまいなまま、ひとまず目先の試験でよいスコアを取ることが目標となっているからです。そこには自ら学ぶ動機がないのです。

また、大学では多くの科目は総論から始まりますが、どんな分野でも総論というのはあまりおもしろみがないものです。非常に観念的で、その知識がいつどこで役立つのかわかりにくい。それでは学習意欲はわきません。

けれども社会人は違います。仕事の知識をつけなければ話にならないので、勉強しなければいけないという動機づけができない人はいません。

また勉強方法についても、総論なんてすっ飛ばして、自分にとって必要な各論だけをピンポイントで学べばいいのだから、ムダがない。自分の仕事に関係したことだから興味も抱きやすく、勉強もさほど苦にはなりません。私など社会人になって初めて勉強の楽しさを知ったくらいです。

事実、私は社会人になってから学生時代の十倍は勉強するようになりました（学生時代の勉強量はほぼゼロでしたので、十倍でもたいした量ではないかもしれませんが）。とくに外資系銀行に転職し、初めて外国為替のディーリングの世界に入った直後は死にものぐるいで勉強しました。同じ金融業界からの転職とはいえ、外国為替の知識はほぼゼロに近かったからです。

外国為替とはそもそも何なのか？

何がどうなると相場が動くのか？

金利は市場にどんな影響を及ぼすのか？

このような各論を、必要度の高い順に次から次へと勉強しました。仕事に直結する知識だから吸収も早く、ひとつのことがわかると「じゃあこっちはどうなんだ？」とさらに興味が広がり、気づけば外国為替の全体像が見えるようになっていました。

ミクロからマクロへ、各論から総論へ――。それが社会人の勉強の鉄則です。

学生であれば「金融政策とは何か」といった総論から始めるところでしょうが、社会人はそんな迂遠《うえん》ことをしている暇はないし、する必要もありません。各論から入り、必要に応じてさらに各論を学び足し、そうこうするうちに知識が網羅され、総論にあたる全体像が見えるようになるのです。

「勉強する気はあるけれど、なかなか続かない」という方のために、私からひとつアドバイスを送ります。

必要に迫られ、ある分野を勉強することになったとします。専門外の分野なのでどんな参考書がいいかわからず、とりあえずその分野の基本情報が網羅された入門書を購入する。ほとんどの場合、そうした本には必要のない情報もたくさん盛り込まれています。そんなケースでは不要なページは全部飛ばして、自分が本当に知りたいところだけを拾い読みするようにしましょう。頭から最後まで通読しようとすると勉強がおっくうになり、途中で投げ出す原因になります。せっかく買ったのにもったいないと思うかもしれませんが、必要なページにたどりつく前にギブアップしてしまうことに比べたら、拾い読みのほうがずっとマシというものです。

また、必要なページを見つけたら、そこに書いてある重要な知識を自分の言葉に咀《そ》嚼《しゃく》して置き換えましょう。

勉強の本質は「一言でいえばどう説明するか」にあります。

これを独自で考えることができれば理解は深くなります。

ディーリングの世界に入ったとき、各国の金利について勉強しましたが、各国の金利水準は大きく異なります。日本は超低金利ですが、発展途上国の金利は高水準です（日本もかつては国債の金利が七％を超えるときもありました）。

専門書を読めば、金利が決まる要因について、経済成長性やデフォルトリスク、カントリーリスクなどさまざまな解説が出てきます。その解説を読めば何となくわかった気になります。

しかしそのような勉強法では、表面的な知識の習得で終わってしまいます。そこで「金利を一言でいえば何か」と自問し、考えた結果、私は「金利とは化粧の濃さ」であると結論づけました。

金利が高い通貨とは、高い金利をつけなければ誰も買ってくれない通貨だということです。したがって金利を化粧に置き換えると、厚化粧しなければ異性が寄りつかない女性、といったところでしょうか。本当の美人は薄化粧（低金利）でも、人は寄ってくるのです。

したがって高金利に釣られて投資をすると、必ずしっぺ返しにあうことになります。一九九八年の十月、ドル円のレートは突然大暴落しました。たった三時間の間に百三十円台から百二十円割れまで、なんと十円以上も急落したのです。その背景には、当時の高金利のドルに魅せられ円で借りてドルへ投資する、いわゆる「円キャリートレード」がありました。膨らみすぎたドル買いのポジションを解消しようと、一斉にヘッジファンドがドルの投げ売りをおこなったのです。

当時の私はマーケットの惨状を目の当たりにして、「高金利は厚化粧、はがれるときは跡形もなくなる」という持論は正しかったと再認識したのでした。

例としては不適切かもしれませんが、このような理解の仕方をすればものごとの本質をとらえることができ、キャッシュフローに結びつく知恵につながるのです。ただの丸暗記では、クイズ番組以外ではキャッシュフローを生むことはできないのです。

第2章

あなたが「稼げる人」になるために

～将来のキャッシュフローを最大化する

「給与が高い人ほど価値が高い」は大間違い

ここで、あらためてファイナンス理論の根幹をなす計算式を確認しておきましょう。

現在価値（ＰＶ）＝将来の平均キャッシュフロー（ＣＦ）÷割引率（Ｒ）

このシンプルな式によって求められるＰＶこそがビジネスマンとしてのあなたの絶対的価値であり、その大小で「評価されるか、されないか」が決まります。

ＰＶを高める方法は二通りしかありません。分子であるキャッシュフロー（ＣＦ）を増やすか、分母である割引率（Ｒ）を下げるかのどちらかです。

キャッシュフローを増やすということは、簡単にいえば「稼げる人」になるということであり、割引率を下げるというのは「信用される人」になるということです。もちろん、どちらか片方だけでいいというわけではなく、「稼ぐ力があり、なおかつ信用される人」になるのが理想です。

なぜ「割引率の低いこと」と「信用力があること」が同じなのか、またその信用力をどう高めるかについては次の第3章で扱うものとして、本章ではまず稼ぐ力、すなわち将来のキャッシュフローを最大化する方法を考えていきましょう。

誤解なきように断っておくと、ここでいうキャッシュフローとは、あなたがもらう給与のことではなく、あなたが会社にもたらす利益のことです。給与がいくら高くても、あなたのPVが上がるわけではありません。

キャッシュフローの定義を思い出してください、キャッシュフローはキャッシュイン（稼ぎ）からキャッシュアウト（費用）を差し引いたものです。

あなたから見れば給与はキャッシュインですが、会社から見ればあなたの給与はコスト、つまりキャッシュアウトになるのです。

会社から見たあなたの価値を上げるには「**会社の利益（キャッシュイン）を増やして、あなたにかかる費用（キャッシュアウト）を減らす**」こと。

多くの人はこれを勘違いして、給与が高い人ほど価値が高いと思っています。でも、それが間違いであることは、会社の立場で考えてみればすぐにわかります。

「この社員は給与が高いから評価しよう」

「給与が高い人を採用しよう」

なんて考える会社はありません。

会社側からみれば社員への給与はコスト（キャッシュアウト）であって、むしろキャッシュフローを減らす要因のひとつなのです。

給与は結果として決まるものです。会社にキャッシュフローをもたらせば評価が上がり、それにともない給与も増えるので、結果として「あなたの価値が高いから給与も高い」ということはあっても、その逆は成り立ちません。


会社によっては成果よりも年功を重視した給与体系になっている場合もあります。そういった環境にいると「どうせ給与は自動的に上がるのだから、特別なことはしなくてもいいだろう」という意識をもってしまいがちです。

ところが、こういう会社にいる人こそキャッシュを稼ぐ力をつけておかないと大変なことになります。なぜなら、実力もないのに給与だけが上がってしまうと、やがて会社のお荷物となり、真っ先にリストラの対象になるからです。分不相応な給与をもらえるのは一時的にはうれしいことのように思えるかもしれませんが、長い目で見れば自分を危険にさらすことになるのです。

　そうした事態を回避するためにも、給与は実力に見合ったものでなければなりません。実力以上の給与をもらっているのであれば、給与に見合うだけのキャッシュを稼げるように努力する。今の給与に満足できないのであれば、会社により多くのキャッシュフローをもたらして自分の価値や評価を高め、その結果として給与を上げることを考えるのです。

会社にある「おもちゃ」で遊び倒せ！

「自分の給与のためではなく会社にキャッシュフローをもたらすために働くなんて、なんだかいいように利用されている気がする……」

　あなたがそんなふうに感じるとしたら、それはおそらく、あなたが会社をうまく利用できていないからではないかと思います。

会社が社員を利用するように、社員も会社を利用する——。

そうすれば両者は「Win=Win」の関係になり、「働かされている」という感覚はなくなります。**会社を利用するということは、会社の資産を活用して自分の価値を高めるということ**です。

会社は巨大なおもちゃ箱だと思ってください。箱の中には、長い時間をかけて先輩たちが作り上げてきたおもちゃ——つまり、技術力、商品、生産設備、ブランド、取引先などビジネスに必要なものがすべて入っています。個人でそれを全部そろえようとしたら大変なことですが、会社にいれば、その貴重なおもちゃを好きに使うことができる。こんなおいしい話はありません。

私が外資系銀行に移ったのも、そこにあるおもちゃが魅力的だったからです。その会社には当時最先端のオプション取引の値段を出すシステムがありました。以前の職場では新しい商品を開発するたびに新しいシステムを作っていたので、値段を出すまでに時間がかかっていたのですが、転職した会社には、ほとんどの商品の価格を簡単に、誰でも出すことができるシステムがあったのです。

このおもちゃは、私のキャッシュフローを増やす強力な武器となったのです。

だからあなたは、会社にあるおもちゃで思いっきり遊べばいい。子どもが知育玩具《がんぐ》で育つように、あなたも会社のおもちゃを使うことで成長するのです。

おもちゃ箱の大きさは、会社の規模に比例します。大きな会社ほど多彩な資産を持っているので、大手企業の社員はいろいろなタイプのおもちゃに触れ、自分の幅を広げることができます。

小さい会社の場合、おもちゃ箱そのものは小さく、あまり高級なおもちゃは入っていないかもしれませんが、おもちゃの使い方の自由度は広がります。一度にたくさんのおもちゃを使ったり、足りなければ自分で新しいおもちゃを買ってきたりと、大手の社員とはまた違った遊び方ができるのです。

このように「会社のおもちゃで遊んでやろう」というくらいの感覚で働くと、会社に行くのが少しも嫌ではなくなります。今の私がまさにそうで、金曜日になると「あぁ、遊べない土日がやってくる」と寂しい気持ちになるし、逆に日曜の夜になると「よしっ、明日からまた会社を使って遊んでやろう」と気力がわいてきます。いわば

「逆サザエさん症候群」というわけです。

おもちゃはきれいに使わないと信用をなくす

会社のおもちゃは遊びつくしてよいのですが、自分の価値を下げるような使い方はいけません。

以前の職場のXさんも、おもちゃの使い方が悪かったために自分の評価を落としてしまいました。

その会社では福利厚生の一環として、社内に格安ジュースの自動販売機を設置していました。外で買えば一本百三十円のジュースが二十〜三十円ほどで買えるとあって、社員たちはみんな喜んでその自動販売機を使っていました。

ところがXさんの愛用ぶりは常識を超えていた。彼は毎週金曜日の夕方になると自動販売機のジュースを何本も買い込み、大きな袋に入れて自宅へ持ち帰るのです。週末に家で飲むためでしょう。

その行為は規律違反とまではいえないかもしれません。とはいえ、その格安ジュースは就業中の社員のために用意されているものであり、休日に家族と飲むためのものではない。彼の利用の仕方は本来の目的からは明らかに逸脱しています。

しかもXさんは決して貧乏なわけではないのです。平均以上の成績を収めていたので、おそらく年収は数千万円になっていたはずです。にもかかわらず、数百円を節約するために人目もはばからず格安ジュースを買い占める。見ていて気持ちのいい光景ではありません。

Xさんはわずか数百円をケチったがために、信用というプライスレスなものを失ってしまいました。

会社のおもちゃ（資産）を使いまくってもいいのは、その使い方が会社のキャッシュフローに貢献する場合に限ります。会社の資産はあなたのものではなく、会社に帰属するもの、強いていえば「株主」のものだからです。

「営業職」になったらしめたものと考えなさい

銀行において人事部や経営企画部がエリートコースと目されているように、どんな会社にも花形の部署があると思います。そうした部署に憧《あこが》れる社員は多いものの、だいたいにおいて最初に配属されるのは営業部門です。

それが不満な人もいるでしょう。私も新卒で銀行に入行し、最初の配属先が大阪府内の支店に決まったときは「支店でどさ回りの営業をするよりも、本部の経営企画部とかカッコイイところで働きたいな」と思ったものです。

でも実は、早くから営業を経験できるのはラッキーなこと。というのも、**営業ほど「キャッシュフローを生む力」を伸ばしやすい仕事はない**からです。

それは営業が直接モノを売ってキャッシュを稼げる仕事だから、という理由だけではありません。第1章でも述べたように、総務や経理といったコストセンター部門でも、経費削減や業務効率化によって会社のキャッシュフロー増に貢献することはできます。

では、コストセンターと営業の違いは何かといえば、最大の相違は顧客とじかに接する機会があるかどうかです。

経営学者のドラッカーは、企業の存在意義とは顧客を創造して維持することである、と定義しました。これはまさしく営業職が最前線でおこなっている仕事といえるでしょう。

同じようなモノやサービスがあふれている現代社会にあって、商品そのもので差別化を図ることはむずかしくなっています。そんな状況下で顧客を創造・維持するには、営業マン自身が付加価値を生まねばなりません。顧客に自分を認めてもらい、「他社の営業ではなく、この人から買いたい」と思ってもらう必要があるのです。

だから営業マンは必然的に、どうすれば顧客に喜んでもらえるかを考えるようになる。顧客に失礼がないよう、服装や言葉遣い、態度や所作にも気をくばる。また、売上目標があるのでキャッシュへの意識も高くなる。これらはいずれも顧客を創造・維持してキャッシュを生むためには不可欠な素養です。

しかも営業は、満足感や達成感を覚えやすい仕事でもあります。

顧客がお金を払って商品を買ってくれたということは、商品だけではなく営業にも満足してくれた証しなので、仕事の成果はそのまま自信につながります。また、自分が会社にもたらすキャッシュフローが目に見えてわかるので、自分の価値が去年に比べてどれだけ上がったかなど、成長を実感する機会も多くあります。

ですから営業部門にいる人は、その幸運を喜んでください。ファイナンス的に自分の価値を高めるのに、営業ほどわかりやすい部門はないのです。

本来モノやサービスを「売る」仕事は楽しいもの

モノを売って楽しいと感じた経験は、営業に携わっていなくても誰にでもあるのではないでしょうか。

人はもともとモノやサービスを売ることが好きだからです。子どもが「お店屋さんゴッコ」をするのもそのためで、自分のお店の商品を買ってもらえるということに本能的に快感を抱くものなのでしょう。

たとえば大学の学園祭――。焼きそばやお好み焼きの屋台を出して、自分たちで作ったものを自分たちの力で売ってキャッシュを得る。それは断じて苦痛なんかではなく、楽しい思い出に分類されているはずです。

定石どおりにモノを売るだけではなく、そこに自分ならではのアイデアを盛り込んでキャッシュフローを増やすことに成功すれば、売る喜びはさらに大きくなります。

私がその醍醐《だいごみ》味を初めて知ったのも、大学の学園祭でのことです。

私たちのサークルはお好み焼きの屋台を出しました。といっても、素人学生が作るものだから、たいしたお好み焼きではありません。材料代をケチったため卵は入れず野菜も申し訳程度にしか使っていなかったので、見た目も味も貧相です。ひとつ三百円で売り出したのですが初日の売り上げは二万円、材料費も賄えず完全に赤字でした。

危機感を抱いたわれわれは対策を考えました。お好み焼きの派生商品（デリバティブ）を企画したのです。今の時代ならありえないことですが、若気の至りだと思って正直に告白しますと、お好み焼きと女子大生やＯＬの電話番号をセットで売ることにしたのです。

学園祭には近隣の女子大の学生やＯＬがたくさん訪れます。われわれは彼女たちにお好み焼きのタダ券を配り、店まで来るようにお願いしました。いくらまずいお好み焼きでも、タダなので文句も言わず食べてくれます。われわれは彼女たちが食べ終わると、アンケートをお願いしました。どこの大学に通っているのか、身長は何センチか、芸能人で誰に似ていると言われるかといったプロフィールと、最後に電話番号を書いてもらい、その情報をほかの来客者に渡していいかどうか確認をしました。今とは違って個人情報の意識なんてない時代ですから、意外にもみんな気軽に協力してくれました。

次に、集めたアンケートから電話番号を切り取って、プロフィール部分だけをずらりと貼り出します。そして、そのプロフィールの持ち主の「電話番号付きお好み焼き」を売り出したのです。

学生の悪ふざけがそのまま形になったような商売でしたが、これが飛ぶように売れ、売れ残り必至と思われたお好み焼きも無事に完売することができました。

余談ですが、大量に買ってくれたお客は、なんと近くのお寺の若い僧侶《そうりょ》たちでした。女性との出会いの機会が乏しい彼らにとって、これは顧客のニーズをとらえた商品となったのです。

思いがけず儲《もう》かったこともさることながら、自分たちのアイデアがキャッシュを生んだということ自体がうれしかったことを、今でもたまに懐かしく思い出します。

このように、**自分なりに工夫をこらしてモノを売るという行為は楽しく、やりがいがあるもの**です。営業が嫌だ、大変だと敬遠している人は、この根源的な楽しさを見失っているのではないでしょうか。

「バイサイド」の人ほど厳しい修練が必要になる

ここまで述べてきたように、営業という仕事は本来楽しいものであり、かつキャッシュフローの増大に直結するさまざまなスキルや考え方を身につけることができる、メリットの多い職種です。

とはいえ、すべての人が最初に営業を経験できるわけではありません。不運にも

（！）若いうちから「バイサイド」に配属されてしまうこともあるでしょう。

バイサイドとは文字どおり「買う側」の仕事です。総務部や購買部、商品のバイヤーなどの仕事の多くがこれにあたり、金融業界でいえばファンドマネジャーなどのことをバイサイドと呼びます。

一般的に、バイサイドの仕事は営業職よりも花形の仕事だと思われていますが、自分の絶対価値を高めるという観点で考えてみると、残念ながら営業よりもふさわしい舞台とはいえません。営業などの「セルサイド＝売る側」にいれば自然と身につくことが、バイサイドでは意識しないと身につけるのはむずかしいからです。

バイサイドの最大の弱点は、顧客の顔が見えにくいことです。常に「買う立場」なので、取引先に対して注文をつけることはあっても、顧客に買ってもらうために知恵を絞ることはほとんどない。こうした環境では、顧客志向の精神はなかなか身につきません。

さらに、すべての人がそうとはいいませんが、バイサイドにはある程度大きな権限が与えられているため、自分は特別な存在であるかのような勘違いもしてしまいがちです。すると態度が横柄になるなど、よくない所作が身に染みついてしまいます。

私が知る某氏は、まさに究極のバイサイド人間といえる人物でした。

彼と知り合ったのは、私が証券会社で働いていたときのことです。彼はある大手企業のトレーダーであり、私は彼の注文を受けて金融商品を販売する立場でした。つまり彼がバイサイド、私がセルサイドという関係です。

彼の仕事はわれわれから少しでも安く買うことなので、毎回シビアな要求を突きつけてきます。それは当然のことなので私も気にしませんが、ひどいのはその態度です。苦労して練り上げたプランを見せても「あんたさあ、もっとマシなもの出せないわけ？」といった調子で丁寧語も使いません。

あるときなど、ドル円の相場が急に動いたので彼にもその情報を知らせてあげようと思い、部下の女性に電話をかけさせたところ、驚くべき言葉が返ってきました。

「なんで君みたいな人が電話してくるわけ？　僕は○○以上の肩書の人としか話さないよっ」

それだけ言って、ガチャンと電話を切ってしまったのです。一事が万事この調子なので、彼の社内での評判は最悪でした。

そんな性格が災いしたのか、彼はその会社を退職することになりました。そして何を思ったか、私が勤務していた証券会社に転職してきたのです。

それまでさんざん不遜《ふそん》な態度をとってきた相手が今度は同僚や先輩になるのだから、本人も気まずかったのでしょう。最初のうちはさすがに殊勝なそぶりを見せていました。けれども染みついた性根はそう簡単には変えられません。

たとえば、その職場では自分の仕事にかかわる雑務は自分で処理するのがルールだったのですが、彼はいくら注意しても女性や若手社員に「この計算やっといて」といった調子で仕事を振り、自分は楽をしようとする。つまり、いつまでも自分はお客さまだという気分でいたのです。

彼は結局、数か月ほどのごく短期間で職場を去ることになりました。

彼の例は少し極端かもしれませんが、バイサイドに長くいる人には多かれ少なかれ、こうした傾向が見られます。だからこそバイサイドに配属された人は、セルサイド以上に自分を厳しく律しなければなりません。

たとえ顧客とじかに会うことがなくても、会社は顧客がいるから成り立っていることを胸に刻み、謙虚なふるまいを心がけるのです。

もうひとつ、バイサイドはつぶしのきかない仕事であることも覚えておきましょう。営業のノウハウがどの世界でもほぼ共通であるのに対して、バイサイドの仕事の多くは会社ごとにルールがまったく異なります。だから、バイサイドで身につく知識やスキルはその会社の中でしか通用しないことが多い。バイサイド部門での実績は、会社内での相対的評価にはつながっても、自分の絶対的価値にはなりにくい傾向があると心得ておきましょう。

「先生稼業」こそ顧客志向を培うべし

弁護士、会計士、医師といった「先生稼業」も、バイサイドと同じように自己修練が求められる職業といえます。

これらの資格業は、本来はセルサイドであり、お客にサービスを買っていただく身分です。ただし営業など一般的なセルサイドとは異なり、お客に「こうしなさい」と指導・教授する立場でもある。さらにお客も「センセイ、センセイ！」と呼ぶ。そのため「お金をもらってやらせていただいている」ではなく「頼まれてやってあげている」という気になってしまいがちなのです。

先日、仕事を依頼しようとある弁護士を訪ねたときのことです、開口一番に言われたのは「今日は何のご用でしょう?」という一言でした。

仕事の依頼に来ていることはわかっているので、彼から見たら私は顧客です。通常であれば「いつもお世話になっています」という挨拶《あいさつ》から入るのが社会人として当たり前だし、用件をたずねるにしても、もう少し丁寧なもの言いをすべきではないでしょうか。

このように世の先生たちの多くは「顧客志向」が不足しがちになるのですが、それは逆に考えればチャンスであるともいえます。まわりの先生がみんな偉ぶっているなか、自分だけが顧客志向でやっていれば、それだけで大きな差がつくからです。

愛想が悪くて居丈高な先生と、にこやかで腰の低い先生――クライアントがどちらを選ぶかは考えるまでもありません。

「顧客志向」とは、自分のビジネスにかかわる人すべてを顧客と考えること。

この「顧客」には、モノを買ってくれるお客だけではなく、商品の仕入れ先や出入りの業者、一緒に働く同僚や上司や部下も含めます。短期的な稼ぎを狙《ねら》うなら、商品の販売先にだけ頭を下げ、納入先や一緒に働く同僚などには気を使わなくてもいいかもしれません。

しかし、長期的なキャッシュフローを狙うためには、ビジネスの関係者と有効な人間関係を築き、仕事の流れを円滑にしていくことも必要になるのです。

コストセンターにも「顧客志向」が求められる

セルサイド／バイサイドを問わず、自分の絶対的価値を高めるためには顧客志向が必要です。経理、総務、システムなどのコストセンターも例外ではありません。

これらの部門にとっての顧客は、自社の社員です。たとえばシステム部門なら、システムを使う社内のユーザーがクライアントということになります。

ただ残念なことに、そういう意識で業務に取り組んでいる人は少数派で、ほとんどの人は言われたことをやるだけのルーチンワークに甘んじています。

「社内のユーザーがより使いやすいシステムを作ろう」というスタンスではなく、与えられた計画どおり、決められた期日までにやり遂げることしか考えていない。

なぜならば、計画どおり、期日どおり仕事を進められることが会社の評価軸だからです。途中で改善できるポイントが見つかったとしても、そこに時間をかけようとすると自分の人事評価が落ちることにつながるのです。

そういう状況だからこそ、顧客志向に立脚した人材が光るというのは、先にあげた弁護士のケースと同様です。**「どうすればユーザーに喜んでもらえるか」という視点をもつだけで発想はぐっと豊かになり、同僚を一歩も二歩もリードすることになる**でしょう。


もちろん、それによってあなたの絶対的価値も高まります。第1章で述べたように、ユーザーが使いやすいシステムを作って作業時間を短縮し、人件費を削減できれば、その浮いたコストがあなたのキャッシュフローに組み込まれるからです。

コストセンターは、経費節減と業務の効率化によって自分の価値を高めます。そのためのヒントをもたらしてくれるのが、顧客志向です。ユーザーである社員がどんな環境で働き、どんな不便を感じているかなど四六時中、顧客目線でアンテナを張っていれば、さまざまな改善のアイデアがわくようになるでしょう。

経費削減がいつも正しいとは限らない

経費削減と業務効率化は、ときに相反することもあります。コストを削減したことで業務効率の悪化を招き、結果としてより多くのコストを生んでキャッシュフローを減らしてしまう――。そんな失敗例をひとつ紹介したいと思います。

かつて勤めていた銀行のある部署では毎日会議を開くのが決まりになっていて、そのつど全員分の資料をコピーして配布していたため、あるとき誰かが「コピー代を節約しよう」と提案しました。その着眼点はいいのですが、問題はその方法です。ふつうのコピー機の代わりに、湿式コピーを使おうと言い出したのです。

湿式コピーとは昔、学校などで使われていた、やや青みがかった質の悪いコピーです。それを使うとコピー代はたしかに一枚一円と非常に安くなるのですが、代わりに普通のコピーよりも膨大な手間と時間がかかります。

ところが提案者はそんなデメリットには気づかない。とにかく安いほうがいいに決まっていると、新人社員に「これからは必ず湿式コピーを使うように」と命じました。

こんなバカげた話はありません。

コピー係を任されていた彼は、東大卒の総合職でした。新人とはいえボーナスを入れれば月給三十万円以上はもらっていたでしょう。その彼に一時間も二時間も余分にコピーを取らせるのだから、彼の給与を含めて考えれば、一枚あたりのコピー代は安くなるどころか数倍以上に跳ね上がっていたはずです。

しかも新人社員にとっての一年目は、将来大きなキャッシュフローを生む人材になるために、現場でいろいろな経験を積むべき大切な時期です。それなのにコピー取りにばかり時間を費やしていたら、稼ぐ力が磨かれるはずがありません。本人だって苦痛だろうし、見ていて本当に気の毒でした。

のちに私が外資系銀行に転職し、日本企業との差を一番感じたのはこうした点です。外資ではコピー取りといった雑務は外部のスタッフにアウトソーシングし、給料の高い自社社員はキャッシュを生む仕事に専念できるようになっていました。アウトソーシングのコストはかかるけれど、全体のキャッシュフローを考えてみれば、そのほうがはるかにプラスとなるからです。

外資系銀行のコスト意識は非常に厳格でした、私が入社したときには、上司から次のように言われました。

「君の机と椅子とパソコンを用意したが、君の机には年間五十万ドル（約六千万円）のコストがかかっていることを忘れずに働いてほしい」

この言葉は鮮烈で今でも覚えています。

要するに、ここに座るかぎりは最低でも五十万ドル以上のキャッシュフローを生み出さなければいけないということを意味しているのです。

当然、机や椅子やパソコン自体に、そんなにコストがかかるわけではありません。最低限五十万ドル以上稼がないのであれば、ほかの人を座らせたほうがいい――。

その別の人が座ったなら稼いでいたであろうキャッシュフローを生み出せなかった

場合は、機会損失が発生するということなのです。その場所に座りたい人がたくさんいる中で、自分が選ばれたのであれば全力を尽くせというメッセージだったのです。**経費削減を考えるときこそ、機会損失などを見据えた広い視点をもつよう心がけたい**ものです。

会社に活気を与える人になろう

会社に活気を与えるような言動も、間接的にではありますが、キャッシュフローを増大させることにつながります。

そのことを教えてくれたのは、少し前にうちの会社へ中途で入社してきた社員です。彼はまだ新しい仕事に慣れず、自力でキャッシュを生むレベルには達していないのですが、私はすでに彼の貢献をひしひしと感じています。

というのも、うちの会社にはちょっとのんびりした雰囲気があり、朝は十時くらいにならないと社員が集まりません。けれども彼は毎朝八時に出社して、仕事を覚えるために一生懸命やっている。その姿を見て負けてはいられないと思ったのか、ほかの社員も続々と八時には出社するようになった。それは経営者からすれば大きなメリットです。

早く出社するのがむずかしければ、気持ちのいい挨拶を心がけるだけでも周囲に好影響を与えることができます。私の会社でも挨拶は重視していて、朝は「おはようございます」、誰かが外出するときは「いってらっしゃいませ」「いってきます」と絶対に言うように教育しています。

挨拶はしないよりはしたほうがいいに決まっていますし、かかるコストはゼロです。来客にも「きちんとした会社だな」という印象を与えます。そうした企業文化も、目には見えませんが会社のキャッシュフローに貢献していると考えられるのです。

私も日本の銀行に入って「いらっしゃいませ！」という挨拶を徹底的に叩《たた》き込まれました。非体育会系の私は、人前で大声で挨拶することに当初は相当の抵抗を感じていましたが、まわりの社員、うら若き女性社員も躊躇《ちゅうちょ》なく大声を出している環境で、自然と声が出てくるようになりました。いつの間にか癖になってしまい、理容店でうたた寝しながら散髪してもらっているときでさえも、ドアを開けて入ってきたお客に反射的に大声で挨拶するほどになったのです。

初めから外資系企業に行っていたら、このような基本的なマナーがきちんと身についたかどうかわかりません。今ではこの癖を植えつけてくれた日本の銀行に感謝しています。

巨額のマネーを動かす人が優れているとは限らない

生み出すキャッシュフローの大小は、その人が置かれている環境にも左右されます。たとえばビッグプロジェクトの担当者は大きなキャッシュフローを得るチャンスがありますが、いつも小口顧客ばかりを担当していたら、飛躍的な売り上げアップはそうそう望めないでしょう。

けれども、自分の担当業務が小規模だからといって卑屈になる必要はないし、大きなプロジェクトを任されたからといって威張っていいわけでもありません。

復習すると、キャッシュフローとはキャッシュイン（売上高）とキャッシュアウト（費用や投資額）の総称であり、実際の現金の出入りを指すものです。大型プロジェクトの多くは巨額の投資がなされているので、キャッシュインがよほど大きくならないかぎりキャッシュフローはマイナスになってしまいます。

たとえば、二十億円を投資したプロジェクトで十億円しかキャッシュフローがなければ、そのプロジェクトは成功したとはいえません。つまり大きな金額が動く仕事というのは単に投資額が大きいだけの話であって、その投資以上のリターンを生み出さないかぎり、担当者本人に価値があるとはいえないのです。

反対に、既存の小口顧客ビジネスや、バイサイド部門における経費削減などは、キャッシュアウトがほとんどかかりません。

キャッシュアウトをかけずにキャッシュインを増やすのは投資効率の観点からもすばらしいことです。自分の仕事は小さい、などと卑下する必要はまったくないのです。

専門バカになりすぎるとキャッシュフローは頭打ちになる

研究職なら新しい技術を習得する、営業職なら営業スキルに磨きをかけるというように、自分の専門性を高めることは自分の価値を高めることにつながります。

それはしかし、自分の専門だけをやっていればいいということではありません。**自分の仕事はここからここまでと厳密に線引きしすぎると、視野が狭まって成長のチャンスを逸してしまいます。**

たとえば銀行には「スポット・トレーダー」という職種があります。簡単にいえば、ドルを売買したいという顧客に、その時点でのドルの値段を提供する仕事です。市場は刻々と変化しますから、値段は素早く伝えなければいけません。したがって百十円二十銭なら円以下の銭の部分だけ、「にまる（二十銭）」と叫ぶのです。

私がかつて勤めていた会社に、一人究極の〝スポット〟（その場かぎりの）・トレーダーがいました。

たとえば日銀が市場の期待を裏切る大規模な金融緩和をして、一日でドルが百十円から百十四円に急騰したとします。一日で為替が四円も動くというのはとんでもないことなので、客観的にとらえれば「日銀の狙いは何なのか」「各方面にどんな影響が出るか」など気になることが山ほどあるはずです。

ところが彼は出社しても、そんなことはいっさい気にしない。自分の仕事は値段を出すことだけなのだから、昨日（百十円）「二十銭」と言っていたのを、今日も（百十四円）「二十銭」と叫べばいいと、それしか考えないのです。

スポット・トレーダーはさまざまな情報が集まるポジションなので、本来はどんどん知識を吸収して成長できるはずなのに、値段を出すことだけやっていればいいという考え方では、伸びしろなどあるはずがない。当然ながらその人は周囲からまったく評価されず、来る日も来る日も機械的に値段を出すだけの人で終わってしまいました。

その後ＩＴの発達とともに、スポット・トレーダーに代わり、コンピュータが値段を提示する世の中に変わりました。

たとえコンピュータに仕事を奪われたとしても、さまざまな知識を吸収して自己成長を遂げていれば、どこの世界でも活躍できます。しかし、あまりに専門的になりすぎて視野が狭くなると、コンピュータに取って代わられた瞬間に仕事自体を失うことにもなりかねません。そうならないためにも、どこに行っても通用する自分自身の価値を高めようという気持ちをもちつづけることが大切です。

自社のバリューチェーンを見極めよ

あなたが自分の専門分野以外にも視野を広げたいと考えるなら、まずは自社の「バリューチェーン」を把握することをおすすめします。

バリューチェーンとは、商品やサービスに付加価値をつける流れのことをいいます。最初は単なる材料にすぎなかったモノが、仕入れ、開発、製造、マーケティング、営業といったさまざまな企業活動を経ることで、商品としての付加価値を獲得していくわけです。

自社のバリューチェーンを知るということは、自社の商品やサービスがどのようなプロセスを経て顧客のもとに届けられるのか、そのプロセスの中で自分はどんな役割を担っているのかを知ることです。このように企業活動を俯瞰的《ふかんてき》に見ると、実にいろいろなことがわかってきます。

バリューチェーンを分析すれば、競合に比べてどこに強み、弱みがあるかがわかり、事業戦略を立てるうえでの指標となります。あなたが戦略立案に携わる立場になかったとしても、自分たちの部門が競合に後れをとっていることがわかれば、他社の取り組みを研究するなど、改善に向けてのアクションを起こすことができます。

自分自身の「稼ぐ力」をより正確に見極めるうえでも、バリューチェーンの把握は必須《ひっす》です。たとえば営業部門が高い利益を出したからといって、それが一〇〇％営業マンたちの功績というわけではありません。それは、安く原材料を仕入れてくれた人、画期的な商品を開発してくれた人など、たくさんの人に支えられた結果でもあるからです。こうしたバリューチェーンを忘れると、自分の稼ぐ力を過大評価してしまいがちになります。

反対にコストセンターで働く人は、自分が直接的にキャッシュを生むことは少なくとも、サポート活動を通してバリューチェーンの一端を担っていることがわかれば、よりやりがいをもって仕事にのぞめるようになるでしょう。

大手の銀行や商社ともなれば、事業領域は幅広く、自社のバリューチェーンのすべてを把握するのはむずかしいかもしれません。とはいえ、少なくとも自分のまわりで何がなされているかくらいは知る努力をすべきです。

銀行時代の私にはそうした発想がなく、そのために新人の一時期を無為に過ごしてしまいました。実にもったいないことだったと反省しています。

新人銀行マンの多くがそうであるように、私が最初に携わった仕事は支店の窓口業務でした。お客から渡された出入金伝票を見て入力するという誰にでもできるような簡単な仕事で、私は半分ふてくされたような気持ちでそのルーチンワークに従事していました。

けれども、私がもしも「自社のバリューチェーンを知ろう」という問題意識を抱えていたならば、そのルーチンワークはまるで違う意味をもっただろうと思います。

たとえば、自分が今獲得した一億円の預金の金利は一％だが、これがそのまま顧客に三％で貸し出されたとしたら、差し引き二％の利ザヤを生む。つまり銀行に年間二百万円のキャッシュフローをもたらす。しかし、良い借り手が見つからず国債で運用したとしたら、金利は一・一％なので利ザヤは〇・一％で十万円の利益しか出ない。では今月は優良な貸出先を探そうか……といったところです。

実際はもっと複雑ではありますが、**重要なのは自分の仕事を全体のバリューチェーンの中にきちんと位置づけること**です。すると、そこで自分の仕事がキャッシュフローを生み出しているかどうかを知ることができるのです。

あなたの「過去」の実績には一円の価値もない

ここであらためて、会社が「評価する人＝稼げる人」の定義を考えてみましょう。

すでに何度かご説明してきたとおり、あなたがどれだけ稼げる人であるかは次の計算式で求めることができます。

現在価値（PV）＝将来の平均キャッシュフロー（CF）÷割引率（R）

ここで注目していただきたいのは「将来の」キャッシュフローという言葉です。なぜ「過去」や「現在」ではなく「将来」なのか――。

それは評価する側、つまり企業の側に立って考えればすぐにわかります。現在いくら稼いでいる人でも、翌年からまったく稼げなくなれば会社にとっては用無しです。冷たいようですが、いくら過去に輝かしい実績をあげていたとしても、この先キャッシュをもたらす見込みがない人を会社は評価しないのです。

会社にいると目につくのは、過去の実績にしがみついて生きている人です。たしかに昔は営業の花形で、ナンバーワンの売り上げで会社に貢献してきた。プロ野球選手なら名球会への殿堂入りとなるのでしょうが、一般の企業で働くかぎり「殿堂入り」はありません。過去の業績に応じて退職金が少し増えるか、出向先が楽なところになるという可能性はありますが、会社から見れば過去にしがみつく彼らはもう

「キャッシュを生まないただのお荷物」となるのです。

では、あなたが将来にわたって稼げるかどうかを、まわりの人はどのように見極めているのでしょうか。

将来的にもたらされるであろうキャッシュフローを「予想キャッシュフロー」と呼びます。それは文字どおり予想であって、正確に「これだけ稼げる」と断言することは誰にもできません。

当たり前といえば当たり前の話です。その人が一年後、二年後にどれだけ稼げるかあらかじめわかっているなら、人事部は確実に稼げる人だけを採用して育てればいい。しかし、そんな断定はできない以上、予想に基づいて評価を下すほかないのです。

したがって**「将来にわたって稼げる人」**とは、**〝将来にわたって稼げると、周囲に思ってもらえる人〟**ということになります。

あなたの「過去」の実績が将来を占う

その人が将来どれだけのキャッシュを会社にもたらすか、その予想のベースになるのは過去の実績です。学歴や資格などを考慮に入れることもあるでしょうが、もっとも説得力のある材料は、その人が実際にどれだけ稼いできたかです。

先ほどの「過去の実績には一円の価値もない」という話と一見矛盾するように思えますが、ファイナンス的には次のように説明できます。

「**過去にいくら稼いでも、稼いだ金額は一円もその人の価値に足されることはないが、その人が将来いくら稼ぐかを知るもっとも重要な指標になる**」ということです。先述した過去の実績にしがみついている人とは、過去はすごかったけれど将来はもう稼ぐことがないだろうと評価されている人のことです。今後も稼ぐだろうと評価されている人に対しては、「過去の実績」という言葉は使われません。

つまり、過去の実績そのものは企業にとって何の価値もないけれど、その実績から予想される将来のキャッシュフローは大変重要な意味をもつということです。

また、これも企業の側から考えれば自明のことですが、参考材料は多いに越したことはありません。実績が一年分しかなければ、翌年も同じくらい稼げるかどうか判断しかねるけれど、過去五年にわたってコンスタントに実績をあげていれば、翌年も同じくらい稼ぐだろうと評価してもらえます。

たとえばAさんは過去四年間、毎年一億円稼いできたが、今年は五千万円しか稼げなかったとします。一方、四年間まったく成果のあがらなかったBさんが、今年は一億円稼いだとします。

もし二人のビジネス経験が同じであれば、来年も期待されるのはAさんになります。Aさんは過去にしっかりとした実績があるので、今年は調子が悪かっただけとみなされますが、Bさんの場合、今年はたまたまついていただけとしか評価されません。

しかし、Aさんもうかうかしてはいられません。もし来年も稼ぐことができなければ、Aさんへの評価は下方修正されますし、そのうち「過去の人」と呼ばれてしまう可能性もあります。

良くなかった年の次の年が大切なのです。自分の本当の実力は「年間一億円のキャッシュフローを生む力」だとまわりに信じてもらうためには、次の年にまた以前のような結果を残さなければならないのです。
要するに**評価される人とは、リカバリーできる力をもっている人**なのです。

転職するにも「覚悟」が必要

次に、転職とキャッシュフローの関係について考えてみましょう。

Aさんの場合、同じ会社にいたことで「今年はたまたま実力を発揮できなかっただけだ」と判断してもらえました。

ところが、仮に四年目で転職していたとすれば、その会社に入ってからのスコアは「一年目一億円、二年目五千万円」ということになります。「この人はできる年とできない年の落差が大きいな」と、Aさんへの評価はまるで違うものになるでしょう。

また、転職が多い人は、将来キャッシュフローを生んでくれる期間も短いのだろうと考えられてしまいます。いくら毎年の稼ぎが大きい人でも、すぐに辞めてしまうと思われていると、会社から見た価値は低くなってしまうのです。

転職が悪いといっているわけではありません。私はむしろ、やりがいを求めて転職することには肯定的で、自分でも起業前に二度の転職を経験しています。

ここで強調したいのは、転職には覚悟が必要だということです。

前職であげた実績は、転職活動をする際のアピール材料にはなりますが、新しい会社に入ってしまえばそれはリセットされ、またゼロからのスタートになる。それを忘れて「自分は前の会社でこれだけの実績をあげた」と誇っているようでは、成長も評価もありません。

転職するにしても、今の会社にとどまるにしても、あなたにできる最善の道はコツコツと実績を積み重ねることです。その実績が、あなたの予想キャッシュフローを確かなものにするのです。

多少スロースターターでもかまいません。**評価されるのは確実に仕事をこなし、将来にわたって継続的に力を伸ばす人**です。競馬と同じで、先行逃げ切り型より追い込み型のほうが人気が高いのです。

あなたの評価をさらに高める「上司への提言」

上場企業の株価をよく見ると、利益は上がっているのに株価が低い会社があります。よく考えれば、実力以下の割安な価格で取引されている銘柄ともいえるので、お買い得なはずです。しかし、お買い得なはずの株式がそのままずっと放置され、適正な価格まで上がらないとしたら、もはやその株はお買い得とも呼ばれなくなってしまうのです。

そこで、自社の実力を世の株主に知らせるための努力、つまり「IR（インベスターズ・リレーション）活動」が必要になってきます。具体的には、会社の活動について投資家に積極的に伝えることを指します。ときにはロードショウといって、経営陣が有力な投資家を訪問して自社の強みを訴える活動をおこなったりします。

IR活動は、あなた自身の価値を上げるためにも必要です。頑張って仕事をすれば黙っていても認められるというわけではありません。**会社で高い評価を得ている人は、**

自分の価値を周囲に知らせる力にも長《た》けています。

その前提として、「自分にはこれだけの価値がある」と客観的に示せるだけの実績が必要であることは言わずもがなです。実績もなく、ただ「自分はできる」と主張したところで誰も相手にはしてくれないでしょう。では、実績さえあればどんな形で自分を売り込んでもいいのかといえば、そうとも限りません。ものの言い方によっては、せっかくの予想キャッシュフローを目減りさせてしまう危険があります。

一番ダメなのは、「自分はこれだけ実績をあげたのだから、課長にしてほしい」といった出世アピールです。あなたが課長になろうがなるまいが、会社の価値そのものが高まるわけではありません。社内における相対価値でしかない出世に固執する人は、会社に価値を与えようとしていないとみなされて評価が下がります。

「給与を上げてほしい」という提言は、場合によっては許されます。自分が生んでいるキャッシュフローに対して給与が低すぎることを数値的に正当化できるのであれば、訴えてみる価値はあるでしょう。

あなたの評価をもっとも高めるのは「自分はこんな仕事がしたい」という提言です。

過去数年でこれだけ実績をあげたので、次はより大きなプロジェクトを任せてほしいとか、別の部署でこんなスキルを上乗せしたいといった前向きな希望は、会社の価値を高めることにつながるため、歓迎されます。

課長になりたいという提言も、自分が課長になることで会社の価値が上がる可能性を示せるのであればオーケーです。その場合は課長になりたいではなく、課長になってどんなことがしたいのか、会社にどんな価値をもたらせるかを織り込んでアピールするようにしてください。

要するに、**自らの利益ではなく、「会社のキャッシュフローをどれだけ上げることができるか」という視点でおこなうIR活動のみが受け入れられる**ということです。

若いうちに最低限身につけたい「三つの基礎力」とは？

どんな会社でも新入社員にできることは限られています。営業なら最初は小口の顧客を担当するのが一般的であり、いきなりビッグプロジェクトに登用される可能性はきわめて低いといえます。

そのため若手が大きなキャッシュを生むのはむずかしい。むしろ稼いだキャッシュインから本人の人件費や教育研修費用といったキャッシュアウトを差し引けば、キャッシュフローはマイナスになることのほうが多いでしょう。

だからといって新人の価値がゼロというわけではありません。しつこいようですが、人の現在価値（ＰＶ）を決めるのは「現時点のキャッシュフロー」ではなく「将来的に生み出されると想定されるキャッシュフロー」なので、予想キャッシュフローが高いとみなされれば、それに見合った評価を得ることができます。

また数式をよく見ると「将来の平均キャッシュフロー」となっていることに気づかれたのではないでしょうか。

この「平均」の意味は「生涯を通じて平均したらどれほどのキャッシュフローを生むか」ということです。新人のときはキャッシュアウトが多いとしても、中堅やベテランになるときに元を取り返すようなキャッシュインが実現できればよいのです。

予想キャッシュフローを高めるには、前述のとおり実績を重ねることが絶対条件ですが、新人はそれに加えて「社会人としての基礎力」を身につけることも大事になってきます。

いくらコツコツと実績を重ねても、基礎的なビジネススキルがない人に大きな仕事を任せようとは誰も思いません。いつまでも小さな仕事しかできそうにない人は、予想キャッシュフローも低く見積もられてしまいます。

予想キャッシュフローを高めるための「社会人としての基礎力」とは、具体的には次の三つです。

まずは「**尊敬語、謙譲語、丁寧語を使い分ける力**」です。自分ではできているつもりでも、間違って覚えている人はたくさんいます。

以前、うちの会社を担当してくれていた銀行員の女性もそうでした。彼女はいつも書類を渡すときに「こちらの書面をご拝見ください」と言う。説明するまでもなく「拝見する」は謙譲語であり、いくら「ご」をつけたところで相手をうやまう言い回しにはなりません。本人が悪気なく、尊敬語のつもりで言っているのはわかりますから、こちらも別に気を悪くしたりはしませんが、どうしたって「この人はものを知らないなあ」という印象は残ってしまいます。

言葉はコミュニケーションの最大のツールです。あなたが思っている以上に、相手はあなたが発する言葉に注意しています。「若いのだから、言葉遣いが間違ってもいい」。これは、ビジネス社会では残念ながら許されてはいません。

二つ目は、「**相手の名前と顔を覚える力**」です。私の会社に出入りしている業者の中にも、もう何度も会っているのに、どうやらこちらの名前を覚えていないなという方がいます。

そういう相手と商談をするとどうなるか――。

一対一ならともかく、複数の相手と話をする場では「○○さんはどう思われますか?」と名指しで話をふる必要も生じます。ところが名前を覚えていない人はそれができないから、目線や手の動きで相手を示して「どう思われますか?」と聞く。そのような挙動は不遜に見られがちだし、本人はうまくしのいでいるつもりかもしれませんが、相手からは「この人は私の名前を覚えていないな」とバレバレです。

そんなことでは商売になりません。誰だって自分の名前も覚えていない相手と進んでビジネスをしようとは思わないし、本当にやる気があるのかさえ疑わしく感じられます。だから私の会社では、相手の顔と名前を覚える習慣を早いうちからつけるように徹底して指導しています。

三つ目は、これが一番大事なことですが、「**時間を厳守する力**」です。

約束の時間に遅れるということは、言葉遣いの間違いや名前を忘れることとは違い、確実に相手に損害を与えます。一度ならまだしも二度も時間に遅れることがあれば、あなたの信用は間違いなく半分以下に低下します。時間にルーズというのは社会人にとって致命的なのです。

以上が、できるだけ若いうちに最低限身につけたい「社会人としての基礎力」です。

おわかりのようにここであげた三つは、すべて対人関係に関するスキルです。

あなたの評価はあなたではなく他人がするものなので、他人があなたを評価したいと思う状態を確立する必要があるのです。

敬語も正確に使えない、人の名前を覚えない、打ち合わせにはいつも遅れてくる。

このような人に対してまわりは評価する対象とも考えないでしょう。すでに誰もが認める実績をあげている人でないかぎり、評価のまな板に載せてもらう努力を惜しんではいけないのです。

若いうちと申し上げましたが、四十代、五十代……とベテランの域に入ってもできていない人は少なくないので、思い当たる節のある方は今すぐに改めてください。

一生使える「プレゼンテーション」の技術

プレゼンテーションの技術も、早い段階で習得しておきたいスキルのひとつです。

自分を評価してもらうためには、自分の将来のキャッシュフローについて、きちんと自分の言葉でわかりやすく他人に伝える技術が必要だからです。

プレゼンテーションとは、資料をまとめて会議や商談の場で発表することだけを指すのではありません。部下に仕事を教えたり、店先で商品についての説明をしたり、身内のミーティングで要領よく発言したりするといったこともすべてプレゼンテーションの一環といえます。そう考えると、プレゼンテーションと無縁な仕事はほとんどないはずです。

苦手としている人も多いようですが、実はプレゼンテーションはたった三つのことを意識するだけで格段に上達します。

まずひとつは「**相手がわかる言葉で話す**」ことです。

これに関しては、苦い思い出があります。外資系銀行に転職し、ある上司からマーケットのイロハを学ぶことになったのですが、私は彼の説明を聞いてもほとんど理解できませんでした。初めのうちは自分がバカなのかなと落ち込みましたが、ある日ふと気づいたのです。上司が専門用語ばかりを使って説明していたことに。

相手が自分と同じレベルならそれでもいいけれど、こちらは転職したばかりでマーケットのことは右も左もわからない素人です。そんな相手に専門用語を並べたてても理解できるはずがありません。その上司は、自分がいかに深い専門知識をもっているかを、入ったばかりの私に誇示したかったのでしょう。悪気はなかったと思います。

評価の高い人は、専門用語を使わず平易な言葉で説明できる能力をもっています。

そのほうが専門用語を使うよりもずっとむずかしいのです。

専門分野について英語で学術論文を書いている医者の友人がいるのですが、彼自身、英語が堪能《たんのう》ではないので、「よく、君が英語の論文を書けるね」と意地悪な質問をしたことがあります。すると、「学術論文は文法的には定型文を使えばいいし、何しろ専門用語を使えば相手はわかってくれる。むしろ日本語で素人にわからせるほうがはるかにむずかしい」と言っていました。

要するに、専門家ではない相手に専門的な内容を伝えるには、専門用語は極力排し、相手のレベルに合わせて説明するのが鉄則だということです。自分の土俵で話をすることは、相手を思いやる気持ちや顧客志向が欠如しているあらわれです。

二つ目は「**一度に三つ以上の話をしない**」ことです。いくらかみ砕いて説明しても、あれもこれもと矢継ぎ早に話しては、相手がついてこられません。脳のキャパシティがオーバーして、話が終わるころには最初に聞いたことを忘れてしまいます。一度に話すネタは三つまでが限度だと心得ましょう。

第三のコツは、「**あらかじめ今から何を話すかを提示する**」ことです。いきなり話しはじめると相手は心の準備ができず、やはり話についていけなくなります。その点、

「今日はこれとこれについて説明します」と最初に伝えておけば、相手も余裕をもって話に耳を傾けてくれます。

部下のパフォーマンスもあなたの価値になる

経験を積んで中堅クラスになると、自分が稼ぐキャッシュの額だけではなく、部下のパフォーマンスも評価の対象になります。つまり、**自分以外の人のキャッシュフローを上げさせることも、重要な価値の一部になる**のです。いかに若手をコントロールし、やる気を引き出すかは中堅社員に課せられる永遠のテーマです。

ああしろ、こうしろと高圧的に命令するのは、一時的には効果が出ても、長い目で見ればマイナスになります。上司が怖いから嫌々仕事をする――そんなモチベーションで働いていては、部下は成長できません。いつまでたっても部下が育たなければ、それは上司であるあなたの責任ということになります。

もっとも部下に嫌われるのは、自分の出世のことしか頭にないような自分本位な上司です。以前、取引先の会社を訪問した際も、そんな人物を目にしたことがあります。仮にF氏とします。

その日はクリスマスイブでした。若手社員は家族や恋人とイブを過ごしたいので、早く帰れるようにと懸命に仕事をしていました。ところがF氏には、そんな予定がなかったのでしょう。わざわざ自分の上司の前で部下を呼び出し、「ここが遅れているから今晩中に終わらせよう」と言うのです。

クリスマスなんて関係なく仕事を優先する自分――それを上司にアピールしたかったのでしょうが、道連れにされる部下はたまったものではありません。そんなことで部下の心を掌握できるはずもなく、伝え聞くところによれば、F氏は必死のアピールにもかかわらず、それ以上出世することはなかったといいます。

F氏とは正反対に、「この人は若手を乗せるのがうまいなあ」と感心させられたのが、某生命保険会社の部長だったS氏です。

S氏は当時の私にとってクライアントであり、しかも部長の肩書がつく人でした。

S氏と商談するにあたり、相手が部長ならこちらも同クラスの人間を連れていかなければ失礼だということになり、私は部長クラスの上司とともにS氏を訪問しました。こうした場面では通常、私などいないも同然に扱われ、お偉いさんの二人だけで話が進んでいくものです。

ところがS氏は商談の合間に私にも意見を求め、最後には「この件はぜひ野口さんにお願いしたい」とまで言ってくれたのです。

当時の私は三十歳前後、Sさんから見ればヒヨっ子同然です。そんな自分をわざわざ指名してくれるなんてと感激した私は、Sさんの期待にこたえなければと、とにかく一生懸命に取り組みました。

今思えばそれが彼の狙いだったのかもしれませんが、私は気持ちよく仕事ができて、Sさんも、われわれから満足のいく成果を引き出すことができた。お互いにとって非常に良い結果となりました。人遣いがうまいというのはまさにこういうことだと思います。

話は少しそれますが、私が外資系投資銀行に勤めていたときのことです。

　仕事中、「野口さん、ドル円のマーケットはどうなってる?」と聞き覚えのない野太い声が背中から聞こえてきました。振り返ると、そこには二メートル近い大男が立っていました。見覚えのあるその顔は、ニューヨークから視察に来ていた当時の社長の顔でした。

　その後はアメリカの財務長官にまでなった彼が、ローカル支店の一部署のセクションヘッドにすぎない私に気軽に声をかけてきたのです。当然彼にとっての私は大勢いる社員の一人にすぎないのですが、社員にとっての彼は雲の上の人です。彼から声をかけられたというのは、社交辞令にすぎなくても社員にとって大きなモチベーションになります。

　会社にとってみれば、声をかけるというコストフリーな行動で、社員にキャッシュフローを上げさせる強い動機づけができたことになるのです。ファイナンス的に非常に合理的な行動でした。

二次会に行かないことが、あなたの価値を上げる

ビジネスマンは多忙です。自分の価値を高めるための勉強をしようと思ったら、どうにかして時間を捻出《ねんしゅつ》しなければなりません。理想をいえば、会社にいる時間を使い、実務を通して自分の価値を高めていきたいところですが、日々の業務に忙殺されてそれどころではないこともあるでしょう。

となればアフターファイブの時間を使うほかないのですが、ここで障壁となるのが会社の飲み会などの社内行事です。

会社の飲み会に参加すべきかどうか――?

私の考えを申し上げるなら、一応参加はすべきです。大切な勉強時間が失われるのは痛手ですが、かたくなに飲み会を断っていると変人扱いされる危険性があります。変人だろうが何だろうがキャッシュを生む力があれば評価はついてきますが、**より多くのキャッシュを生むためには、ある程度職場に解け込んで周囲の協力を得ていくほ**

うがスムーズに事が運びます。

だから飲み会には参加する。ただし参加するのは一次会だけ。二次会、三次会までつきあう必要はありません。二次会、三次会の場で有意義な話題が出るようなことはあまりなく、ほとんどは〝グチ大会〟になっておしまいです。深酒して二次会でくだを巻いているような社員に価値が高い人なんてまずいないだろうし、そういう人ほどお互いに足を引っ張るのが好きなので、つるんでいてもいいことはありません。そんな不毛な仲間に引き込まれるくらいなら、つきあいが悪いやつだと思われるほうがずっとマシです。

それに、いつもは一次会で退散する人がたまに二次会に顔を出したりすると、思いがけず喜ばれます。今日は来てくれてありがとうと感謝されることだってあります。

このように年に一度くらい二次会に顔を見せておけば、普段は一次会で帰ったとしても人間関係で損をするようなことにはならないので、安心して「お先に失礼」してしまいましょう。

仕事を上手に断る人ほど成長する

効率的に仕事をしていれば、それだけ時間に余裕をもって働けるようになるはずです。ところが、実際にはなかなかそうならないのは、頑張って仕事を早く終わらせても、終わったそばから次の仕事を頼まれてしまうからです。

そうした依頼にどこまでこたえるかはむずかしい問題ですが、少なくとも、次から次へと降ってくる仕事をすべて受け入れる必要はありません。それをしていると、仕事ができる人ほど負担が増えることになりますし、その結果、肝心の効率も落ちてしまうからです。

たとえば、複雑な計算をしている途中でほかの雑務を頼まれて席を外せば、あとでまた一から計算をやり直すことになります。本来なら一時間で終わるはずの仕事に倍の時間がかかってしまうのは、自分の負担になるだけではなく会社にとってもマイナスです。

だから集中力を要する仕事をしているときは、緊急度の低い用事は断ったほうがいい。「自分の仕事のプライオリティはこうであり、今その仕事を引き受けると優先度の高い仕事に支障をきたす」というようにきちんと説明すれば、仕事を断ることであなたの評価が落ちることはまずないので、安心してください。

新人のうちならともかく、中堅になってもなお言われたとおりに仕事を引き受けていたら、効率的にキャッシュを稼ぐことはできず、いつまでたっても自分の価値は上がりません。

ただし「やりたくない」なんていう理由で仕事を断るのはご法度です。好きな仕事ならやるけれど、嫌な仕事は断るというように、えり好みをしろといっているわけでもありません。

仕事を断っていいのは、その仕事を受けることでかえって会社の不利益になり、かつ、そのことを上司に対して論理的に説明できる場合に限ります。

そのようにして時間をうまくやりくりすれば、早く仕事を終えて早く帰れる日も増えるでしょう。その時間を勉強にあてて自分の価値を高めたり、ゆっくりと休息して明日への英気を養ったりすれば、結果として会社にとってもプラスになります。

そうしたことをいっさい考えずに、何でもかんでも仕事を引き受けているとどうなるか――。結局のところ自分の価値を高めることはできず、ただの「便利な社員」で終わってしまいます。

上司が部下の誰かに雑用を頼もうと思ったとき、真っ先に頭に浮かぶのは「便利な社員」です。だからそういう人のところには、誰にでもできるような雑用が次々と降ってくる。そうなると、いつも細かな仕事を抱え込むことになり、結果として大きな仕事をする余裕がなくなってしまうのです。

「この人に仕事を任せたい」と思ってもらえるのは、基本的には名誉なことです。とはいえ、どうせなら自分の成長につながる仕事をやるべきですし、そういう仕事を任せてもらえる自分でなければなりません。

自分の成長を第一に考えるなら、仕事をうまく断って仕事量をコントロールすることも大切なのです。

ものごとはすべて「ギブアンドテイク」である

ファーストリテイリングの柳井正会長兼社長は、初対面の相手にはまず「あなたは僕に何を与えてくれるのですか？」と聞くそうです。恐ろしく多忙な方なので、ムダを省くために自分がもっとも知りたいことを直球で質問するのでしょう。

柳井氏のようにズバリたずねる人こそ少ないものの、これは世の経営者に共通する本音です。経営者は誰もが自社にメリットを与える取引先とだけつきあい、自社にキャッシュを与える社員だけを雇いたいと考えています。

経営者に限らず、一般の社員や消費者だって同じです。自分に何かを与えてくれる相手のことは評価するけれど、何も与えずに奪うことばかり考えている相手には心を許しません。

逆に考えると、**人の信頼を得たい場合には、まずは徹底的に「与える作戦」が有効**だということになります。ギブアンドテイクという言葉のとおり、初めはギブをして、しかるのちにテイクするわけです。

そのことをよく心得ているのが、有能な保険のセールスマンです。できる保険セールスマンは、初対面のお客に保険に入ってくれとはまず言いません。「今度税制が変わるのですが、ご存じですか？」というように、最初は相手のメリットになるような情報をギブして、信頼関係を築いてから商談に入り、最後に契約（テイク）を勝ち取ります。

できる人は、お客だけではなく同僚に対してもギブアンドテイクの姿勢でいます。自分のノウハウを惜しみなくギブするので周囲から信頼され、自然とさまざまな情報（テイク）が集まってきます。「この人はもっといろいろなことを知っているのだろうな……」と思われ、その期待値の分だけ評価はさらに高まります。

そしてまた、ノウハウを人に教えるということは成果をアウトプットすることでもあるので、プレゼンテーションの練習にもなります。情報が集まり、評価が上がり、プレゼン力も鍛えられるのだから、ギブアンドテイクは一石三鳥といえます。

一方、自分のノウハウは出し惜しみして他人の情報ばかり盗もうとする人は、結局のところ情報のネットワークから締め出されて損をすることになります。仲間同士とはいえ「テイクアンドギブ」というわけにはいかないのです。

世界選手権より、地方大会での優勝をめざせ

キャッシュフローを最大化するには、「どのような会社でどのような仕事をするか」が非常に重要なファクターになります。

私は大学を卒業してから起業までのおよそ二十年間で、日本の銀行、外資系金融機関二つと三社を渡り歩きました。

これらの会社を見てわかったことですが、最初のうちはどの会社でも社員の能力に実はそれほど差はありません。なぜなら、一流といわれる会社には競争率数百倍の採用試験を突破した優秀な学生や、あるいは前職で多大な実績をあげたスペシャリストが入社するというように、企業の格と社員のレベルはほぼ釣り合っているからです。

ところが数年、十数年とたつうちに、その差はどんどん開いていきます。同期入社の中でもできる人とできない人、評価される人とされない人が明確に分かれていくのです。

評価されない人がなまけていたわけではありません。どの会社の社員も基本的には

みんな勤勉だったと思います。

では、どうして頑張っているのに評価されないのかといえば、多くの人は「みんなと同じこと」をやろうとするからです。だから突出したスキルが身につかず、その他大勢の中にうずもれてしまうのです。

私がすすめるのは、狭い世界で第一人者になる生き方です。自慢話をするわけではありませんが、私が外資系企業で高い評価と報酬を得ることができたのは、狭い分野を徹底的に追求したことが最大の要因だったと思います。

邦銀から外資系銀行に転職して四～五年がたったころ、日本のマーケットにデリバティブと呼ばれる金融商品が登場しました。デリバティブとは株や債券などの原資産をもとに派生的取引をすることで、オプション取引やスワップ取引などがそれにあたります。

日本ではまだ歴史の浅い商品だっただけに、金融業界でもオプション取引に精通した人はほとんどいませんでした。おそらく当時、オプションの専門家といえるような人は東京に三十人もいなかったのではないかと思います。私はそこに勝機を見いだし、独学で勉強を始めました。その結果、私は業界アンケートで三年連続デリバティブ専門家のトップに選ばれるまでになりました。

私がオプション取引の第一人者になれたのは、努力だけが要因ではありません。もちろん多少の苦労はありましたが、メジャーな分野でナンバーワンになることに比べたら、ずっと少ない労力でトップを勝ち取ることができたのです。

何千人、何万人ものうちのトップクラスが参加する世界選手権で優勝するには並々ならぬ努力が必要ですが、三十人で競う地方大会で一番を取るのはさほどむずかしいことではありません。そしてまた、どんな大会だろうが金メダルは金メダルです。

私もデリバティブの世界でナンバーワンと言われるようになったことで、その後はより高い評価と報酬を得られるようになりました。

一九九〇年代におけるデリバティブのように、今はまだ注目度が低いけれど、これから間違いなく必要とされるであろう分野はいつの時代にもあるものです。

同僚みんなが進む道に追従するのではなく、そうした新しい道を見つけ出せるようにアンテナを張り、狭い世界でのナンバーワンをめざす――それがもっとも効率よく自分の価値を高める方法なのです。

人気ピークの会社を狙うのは「相場観」が悪い

自分の価値を高めることができるかどうかは、本人の心構えしだいです。どんな会社のどんな仕事に就いていたとしても「稼ぐ力」と「信用される力」を高めることを心がければ、自分の現在価値（ＰＶ）は確実に伸びていきます。

とはいえ現実的には、ＰＶを高めやすい会社と、そうではない会社があることも事実です。ですから、**もしもあなたが転職を考えているのであれば、次はぜひ「自分のPVを高められるかどうか」を基準に会社を選んでいただきたい**と思います。

それとは逆に、会社選びの基準としてもっともふさわしくないのは「人気」です。

企業の人気は水ものであり、これほど当てにならないものはありません。

たとえば、私が新卒で就職活動をしていた一九八〇年代には外資系企業へ行きたがる東大生、京大生なんてほとんどいませんでした。ところが、私が外資系の投資銀行に転職した二〇〇一年ころになると、にわかに外資系ブームが起こり、わずかな新卒採用枠に対して東大生が何百人も応募してくるようになった。人気の理由は破格の待遇で、破綻《はたん》したリーマン・ブラザーズ証券では大学院修了者の初任給はなんと年収で千五百万円ともいわれていました。

そこへきて、二〇〇八年のリーマン・ショックです。これを機に外資系金融機関の法外な賃金体系は見直されるようになり、学生の外資系熱は一気に冷めました。わずか数年前にものすごい倍率をくぐりぬけて入社した優秀な若者たちも、少なからぬ割合で職場を去ることになったでしょう。

このように企業の人気は、その会社のビジネスサイクルの影響を受けます。ビジネスが上り調子のときは人気が高まり、下り坂になると人気にも陰りが見えてくる。どんなに優れた会社でも、永遠にビジネスが上向きであるとは考えにくく、ピークのあとにはほとんどといっていいほど下降が待っています。つまり人気絶頂にある会社というのは、このあと下降線をたどる可能性が高い会社なのです。

また、仮に会社のビジネスが好調に推移しているとしても、そこで活躍できるかどうかは別の話です。人気企業には当然ながら優秀な人が集まるので、その中で評価を勝ち取るには相当な努力が必要になることでしょう。

人気企業は入るのもむずかしければ、入ってから評価されるのもむずかしい。それでもなお人気だけでその企業を選ぶなんて、私からみれば「相場観が悪い」としか言いようがありません。

評価される人になるには、目先の待遇ではなく「自分がやりたい仕事」を軸に、就職先を決めるべきです。さもなければ、長きにわたってキャッシュフローを生んでいくことなどできないからです。

「PBR」という、新しい会社選びの基準とは？

価値の高い人材は、金の卵を産むガチョウのようなものです。ふつうの食用鶏はさばいてグラムいくらで売れば終わりですが、ガチョウは金の卵を産みつづけることで将来にわたって多大なキャッシュフローをもたらします。

会社側はもちろん食用鶏ではなく金の卵を産むガチョウを欲しているわけですが、すべての会社がガチョウを飼いならせるわけではありません。人材の使い方が下手な会社では、せっかく優れたガチョウを手に入れても金の卵を産ませることができず、やむなくただの鶏肉として使い捨ててしまうこともあるのです。

あなたが金の卵を産むガチョウになりたいと願うなら、ガチョウの扱いに長けた会社に入るべきです。自分の価値を高めやすい会社を選ぶとは、そういうことです。

では、自分の価値を高めやすい会社とそうでない会社は、どうすれば見分けることができるのでしょうか。

そのヒントは、会社のバランスシートに隠されています。

第1章で説明したとおり、会社のバランスシートに記載されている資産を時価に直すと、左右のバランスが釣り合わなくなるのが一般的です。商品在庫や不動産をすべて清算しても十億円しか残らないのに、時価ベースでの価値（株式時価総額）は二十億円あるといった不均衡が生じるのです。
この差額の十億円を埋めているのが、会社の人材やブランド力です。したがって資産の清算価値と株式時価総額の差が大きい会社ほど、金の卵を産むガチョウをたくさん飼っているということになります。

この割合をより厳密に計算したのがＰＢＲ（株価純資産倍率）です。これは、会社の清算価値と、キャッシュフローから計算された株式時価総額の大きさの比率を示す指標です。株式時価総額が清算価値（時価純資産）の二倍の場合は、「ＰＢＲ二倍」といいます。

ＰＢＲが高い会社では、商品や工場ではなくヒトやブランド力がキャッシュを生んでいます。人材が能力を発揮する余地が大きい分、自分の価値を高めるチャンスも多いと考えられるのです。
上場企業のＰＢＲ値やそのランキングは、インターネットで簡単に検索することができます。それを見ると、ビジネス誌などが発表する人気企業ランキングとはまったく異なる会社が名を連ねているのがわかります。

たとえば日本駐車場開発という会社は、規模はそれほど大きくないのですが、ＰＢＲが約十五倍（二〇一五年七月現在）と高い水準にあります。ここは駐車場の管理などを手がけている会社です。

駐車場の管理は大部分が機械化されているので、ふつうに考えれば人間が活躍する余地は小さいように思えます。ところがこの会社では、あえて人が車を誘導することで競合と差別化を図っている。聞くところによれば、若い女性や動作のきびきびとした人が誘導すると、利用者は機械仕掛けの駐車場よりもそちらの駐車場を選ぶのだといいます。

このように、日本駐車場開発では機械ではなく人がキャッシュを生んでいます。機械の設置しかしない同業他社に比べれば、こちらのほうがはるかに自分の価値を高めやすいことは間違いないでしょう。

一方、ＰＢＲが低い会社では、人材は金の卵を産むガチョウではなく、機械や原材料と同じように扱われている可能性があります。そういう職場では、才能の有無にかかわらず個性を発揮する余裕などなく、どんなに優秀な人でも歯車以上の働きはできないでしょう。

会社の資産を使って自分がキャッシュを稼げるなら問題はないのですが、自分がその資産の一部になって、道具のように使われる会社は避けるべきです。

高すぎる「ブランド力」のある会社では力を発揮しにくいこともある

PBRを参照する際に、ひとつ気をつけたいことがあります。

PBRには人材だけではなくブランドの価値も含まれます。**そのためブランド力があまりにも高い会社では、ヒトの価値が相対的に低く、力を発揮しにくいことがある**のです。

たとえば、一流高級ブランド店がそれにあたります。

世界に名だたる一流ブランドの販売員の言葉遣いは丁寧で、ものごしも上品な印象を受けます。しかし彼らはファイナンス的に価値が高いかといえば、必ずしもそうともいえないようです。

私はあまりブランドにこだわらないほうですが、たまにはいいかと思い、少し前に某ブランド品のバッグを買ってみました。

ところが私の持ち方があらっぽかったせいか、ひと月もしないうちに持ち手の糸が少しほつれてきた。これではみっともないと思い購入した店に連絡したところ、修理代は十万円だという。買ったばかりでそれはないんじゃないかと交渉してみたものの、当店では製品保証などはいっさいございませんと、取りつく島もありませんでした。

あとで詳しい人に聞いたところ、このような一流店では一般人にリピーターになられるのは困るのだという。つまり超セレブならともかく、そうではない人がたくさん持つとブランドのイメージが崩れかねないから、同じ人にはあまり買わせないようにしているのだそうです。

ビジネスとしては「あり」だと思います。そこまでのブランド力を育て上げた企業努力には本当に感服します。

ただし、そこで働くことが自分にとって本当にプラスになるかといえば話は別です。

一流高級ブランド店の顧客のほとんどは、ブランドそのものに魅力を感じるから商品を買うのであって、販売員の接客が決め手となることはまずないでしょう。極論をいえば、そのブランドの商品は誰が売っても売れるのです。

そういう場所では、ファイナンス的に自分の価値を高める機会はあまり得られません。もちろん、お客に失礼のない丁寧な接客マナーなどは身につくでしょうが、キャッシュを生んで自分の価値を上げる訓練を積むことはなかなかできないでしょう。

「椅子」がヒエラルキーを示している

ヒエラルキーが厳しすぎる会社も、就業先としては敬遠したほうが賢明です。

上下関係が絶対的で、上司に反抗するなんてとんでもないという会社では、自分の力を発揮することはなかなかできません。また、そうした会社で発言力をもとうとすれば自分が偉くなるほかないので、ベクトルが自己成長ではなく出世に向いてしまいがちです。一昔前の銀行は、まさにそんな場所でした。

その会社にどれくらいヒエラルキーがあるかを知りたければ、社員たちの「椅子」

を見ることです。

社長になることを「社長の椅子に座る」と言ったりしますが、日本の銀行では本当に社員のポジションによって椅子の形が違いました。平社員は肘掛《ひじか》けのない小さな椅子、係長はそれに小さな肘掛けがついたもの、課長の椅子はそれより背もたれが大きく、部長になると椅子の足に銀のプレートがつく……というように、ポジションが上がるごとに椅子も立派になっていくのです。

もちろん平社員は平社員用の椅子にしか座ることを許されません。平社員用の椅子が足りなくなれば、たとえ係長用が余っていたとしても、わざわざ平社員用を買い足して使わせるという徹底ぶりです。

対照的にベンチャー企業などは、そこそこ大きな会社でも社長と平社員が同じ椅子や机を使っていたりします。そうした職場は社風もフラットで、ポジションにかかわらず自分を生かせる土壌があると考えられます。

面接などで会社を訪問した際には、それとなく椅子にも注目してみてください。

自己成長を重視するなら、迷わず「二番手企業」へ

ファイナンス的に自分の価値を高めやすい会社という観点からすると、業界トップ企業よりも二番手、三番手の会社のほうが適した舞台といえます。

大手企業は基本的にブランド力があり、ブランドが仕事をしてくれる分、人が働く土壌は小さくなります。勝手に商品が売れるとなれば、人はだんだんと努力や工夫を怠るようになり、キャッシュを生む力は弱くなっていきます。

とくに各業界には最大手といわれる企業があります。働く社員はもちろん優秀なのですが、苦労しなくても商売ができるので、一般的には創意工夫しようとする文化が育ちにくく、硬直的になります。もちろん、大手の意識を払拭《ふっしょく》すべく、さまざまな工夫や社員教育をしている企業も多くありますが、どうしても一番手というおごりと油断が出てきがちです。

一方、業界の二番手以降の企業は、ビジネスをするうえでやや不利な状況にあるの

で、いろいろと工夫しようとする土壌があります。また、最大手に追いつけという気概も強いため、優等生タイプ以外の人も多く、働くにはおもしろい環境といえます。

そもそも最大手と二番手で、企業の格と実力はそれほど違わないケースもあります。ただそのような場合でも、最大手と二番手の文化の違いは確実にあるのです。


それを如実に物語るのが「日本長期信用銀行」（現在の新生銀行）の例です。

若い方にはなじみがないかもしれませんが、日本にはかつて長銀系と呼ばれる銀行が存在し、その一番手が日本興業銀行（興銀）で二番手が日本長期信用銀行（長銀）でした。のちに興銀は合併しみずほ銀行となり、一方の長銀はバブル崩壊の影響で経営破綻したため多くの行員は転職を余儀なくされました。しかし、長銀ＯＢの多くは転職してもすぐに新しい企業文化になじみ、また事業の大きさを考えなければ、起業した人の数も多かったと聞いています。

長銀出身者が転職や起業でそれなりにうまくいったのは、二番手企業特有の「顧客志向」が身についていたからではないかと思っています。

興銀と長銀が二軒並んでいたとしたら、ほとんどのお客は興銀を選びます。そのほうが安心できる。よりブランド力があるからです。一方の長銀は、興銀からお客を奪うために知恵を絞らなければなりません。お客の立場になり、どうすれば喜んでもらえるかを考えるようになります。そうしたメンタリティは、トップ企業よりも二番手以下の企業のほうが身につきやすいのです。

社員一人ひとりの裁量や責任も、小さい職場のほうが相対的に大きくなります。本章の最初で述べた「おもちゃ箱」の例のとおり、会社の大小と、かかわれる仕事の大小は多くの場合、反比例するのです。

神輿に乗る人ではなく、神輿をかつぐ人になろう

「働かない働きアリ」が多いことも、大企業の問題点のひとつです。

働きアリの八割は働いていない――。そんな話を聞いたことがある人は多いと思います。実は人間の会社でも同じことが起きていて、一部の働きアリだけが神輿《みこし》をかつ

ぎ、残りはただ神輿に乗っているだけという状況になっています。

神輿に乗っているだけの「働かない働きアリ」とは、キャッシュを稼ぐための努力を放棄し、人事情報を集めることに必死になったり、派閥内でうまく立ち回ることばかりを気にしたりするような人のことです。

こうした「働かない働きアリ」が多いのは、圧倒的に大企業でしょう。大企業ほど収益基盤が厚く、ほうっておいてもある程度は儲かるようになっているので、働かない働きアリが増殖しやすいのです。極端な話、何万人も社員がいるような大企業で「明日から社員の半分は出社しなくていいよ」ということになっても、おそらく会社はすぐに破綻することはないと思います。

一方、小さい会社にそんな余裕はなく、全員で神輿をかつがなければ会社はつぶれてしまいます。そこではいやおうなしに神輿をかつぐ側、つまりキャッシュを生む人間にならざるをえないのです。

大企業で神輿に乗るよりも、小さい会社で神輿をかつぐほうが、自分の価値を高めることになるのは誰の目にも明らかでしょう。一方、大企業の神輿のほうが、小さな会社の神輿に比べ段違いに大きいため、その分だけかつぎがいがあるのもまた事実です。そもそも大企業で働くならば、神輿に乗らないよういつもかつぎ手でいる覚悟でなければ意味がないのです。

新卒ではなく中途で入社するなら、二番手、三番手の会社をおすすめします。日本の伝統的な大手企業は純潔思想が根強く、生え抜きではない中途の社員がトップにまで上り詰めたという話はあまり聞きません。窮屈な思いをして働くくらいなら、二番手、三番手で自分の個性や才能を生かしながら伸び伸びと価値を高めていくほうが、はるかにストレスも少ないことでしょう。

第3章

あなたの「信用力」を上げるために

～割引率を下げる

信用される人になることが、自分の価値を上げる

なぜいきなり「信用力」などというテーマが出てきたか。ここでは決して通り一遍の社会人道徳や倫理についてお説教しようというわけではありません。本書のテーマである評価の数式を思い出してください。

現在価値（PV）＝将来の平均キャッシュフロー（CF）÷割引率（R）

「人の評価はCF÷Rで決まる」ということは「**自分の評価を上げるためには、キャッシュフローを大きくするだけではなく、割引率を小さくすることも重要**」なことに気づきます。

実は、この割引率は信用力と深い関係があります、高い信用を得るほどその人の割引率は小さくなるのです。したがって信用される人になることがすなわち、自分の価

値を上げることにつながります。

繰り返しますが、これは道徳的見地からの説教ではなく、ファイナンス上の理論なのです。

その理論をひもといていきましょう。

割引率は先の読めない不確かさの尺度

割引率が低いほど、現在価値（ＰＶ）は上がります。

実は、この割引率はリスクの大きさに比例します。リスクの高いキャッシュフローほど割引率は高くなり、逆にリスクが低いキャッシュフローの割引率は低くなります。日本において、もっともリスクの低いキャッシュフローは日本国債です。日本がデフォルトしないかぎり、国が借りた借金は必ず返済されるからです。

その意味で、割引率にはキャッシュフローの信用力が反映されるのです。国債のような信用力の高い（リスクの低い）ものは割引率（金利）も低く、逆に消費者金融の

3社の当期純利益の推移

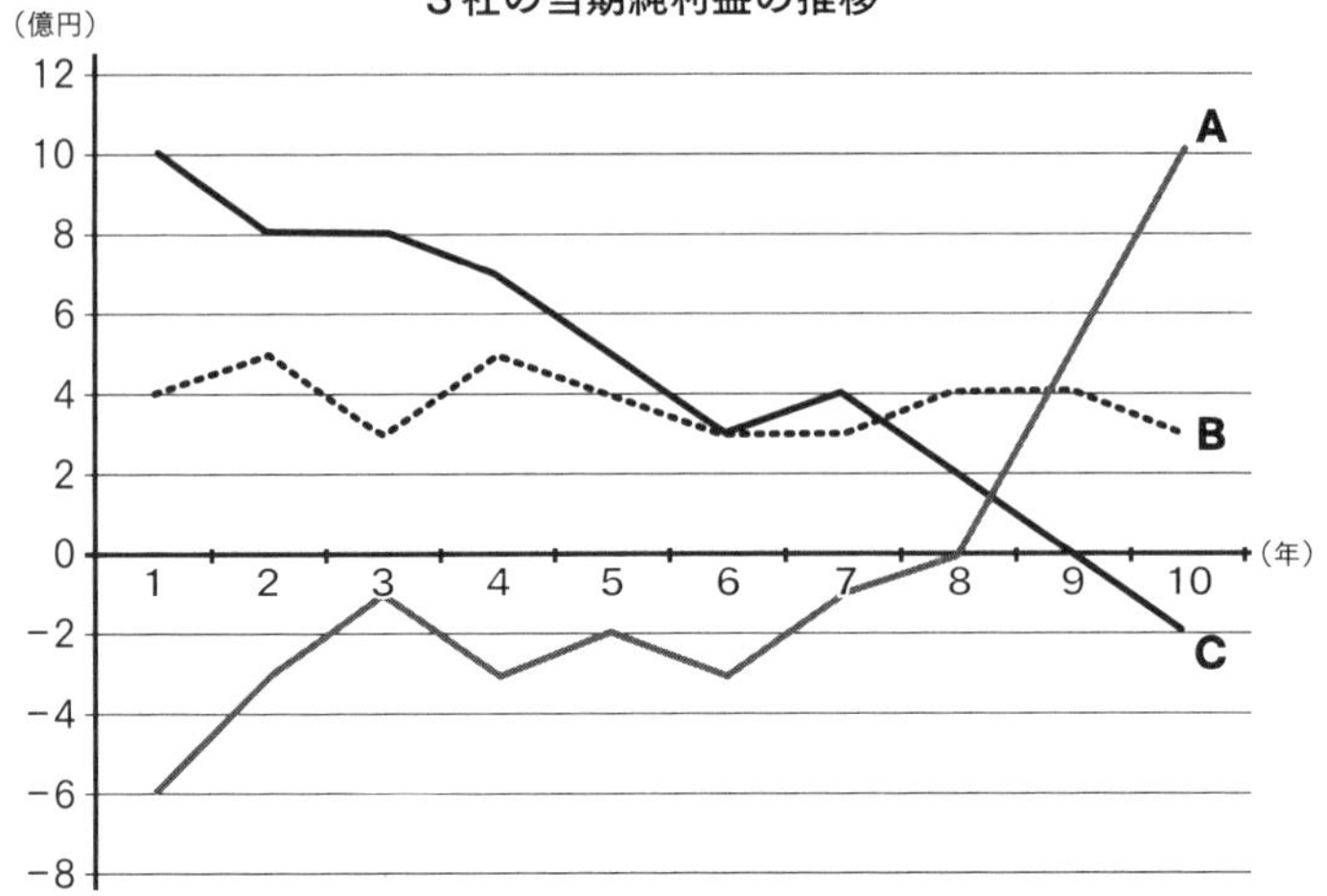

ように信用力の低い(リスクの高い)人への貸し出しほど割引率(金利)も高くなるのです。

では、リスクが高い(信用力が低い)とはどういうことなのか――。次の三つの企業で一番リスクが高い企業はどれだと思いますか?

A社は初めは停滞していたが、途中から急回復し利益を伸ばしている。

B社の利益は十年間ずっとほぼ横ばいで変わらない。

C社は初めのうちは調子がよかったが、途中から利益が落ち赤字に転落した。

当然、現時点で一番経営環境の厳しいC社のリスクが高く、最近利益を上げたA社のリスクが一番低いと思われるでしょう。

しかしファイナンスの見方で定義すると、C社もA社も同じくリスクが高く、さらに厳密にいえばA社のリスクのほうがC社よりも若干高いのです。そして、鳴かず飛ばずのB社のリスクは、実は一番小さいのです。

不思議に感じる方もいるかもしれませんが、**リスクは危険ではなく、先の見通しの「不確実性」のこと**なのです。

不確実性とは「将来の見通しの見えにくさ」を意味します。B社の場合、毎年ほぼ同じ利益を十年間も出してきたのだから、来年もかなりの確率で同じ利益を出すだろうと判断されます。

一方、A社は八年間ずっと赤字だったのに、ここ二年間で急に業績が回復した。来年くらいまでは利益を出せるかもしれないが、もしかしたら再来年くらいからまた赤字に転落してしまうかもしれない。いわゆる「山高ければ、谷深し」と判断されるのです。

要するにリスクとは現時点の状況とは関係なく、どれほど将来の予測がしにくいかを示す指標なのです。このことからもわかるように、リスクが低いということはキャッシュフローが安定していることを意味します。

毎年コンスタントに実績をあげている会社はリスクが低く、信用できると評価されて割引率が低くなります。

なぜオリエンタルランドの株価はりそなホールディングスより高いのか？

少し専門的になりますが、オリエンタルランドの株価についてお話ししたいと思います。東京ディズニーリゾートを運営している会社として誰もが知っている会社ですが、彼らの株式市場での評価額である株式時価総額は二〇一五年七月現在、約三兆円です。二〇一五年三月期決算で当期純利益は七百二十億円です。

一方、りそな銀行の持ち株会社であるりそなホールディングスの株式時価総額は約一兆六千億円、二〇一五年三月期決算で、当期純利益は二千百億円もあげています。

そうです。オリエンタルランドはりそなホールディングスの三分の一しか稼いでいないのに、株式時価総額は約一・九倍も高いのです。

なぜ、このような現象が起こるのでしょうか？　答えは両社の割引率が違うからです。例の式を使って解説してみましょう。

今期の利益が来年以降も続くと考えると、「PV（株式時価総額）＝CF（当期純利益）÷R（割引率）」の式が成り立ちます。それぞれの企業の割引率を求めるために式を「R＝CF÷PV」と変形すると、オリエンタルランドの割引率は二・四％、かたやりそなホールディングスの割引率は一三・一％になります。

この割引率の差は、両社のキャッシュフローのリスクを反映しています。過去の両社の利益の推移を見ると、オリエンタルランドが着実に利益を上げてきているのに対し、りそなホールディングスの利益は最近は持ち直しているものの、リーマン・ショックなどで大きく業績が落ち込むなど、変動が激しいことがわかります。

これは、企業の特性や業界の違いといったものが原因となっています。

実際に株価の動きを見ても、オリエンタルランドは確実に上がっていますが、りそなホールディングスは上下幅が大きくぶれています。

オリエンタルランドが運営する東京ディズニーリゾートの人気は、開園以来いまだに高く、ほかに有力な競合もありません。入園者は高止まり、アジアを中心に海外からも人がやってきます。入園料を値上げしても、景気が少々悪くなっても、コアなファンは今後も夢の国に通うでしょう。

かたや、りそなホールディングスが属する金融業界は景気の波をもろに食います。景気が良ければ、銀行の貸し出しは増え金利収入が増えますが、景気が落ち込むと貸し出しは停滞します。もっと悪いことに、借りたお金を返せない企業も出てきます。結果としてりそなホールディングスのキャッシュフローのリスクは高くなるのです。

これはりそなホールディングスに限らず金融業界全般にいえることで、いくら企業が努力しても、景気の動向をコントロールすることはできません。

また、割引率の低い業界にガス会社などがあります。景気がよくなって給料が増えたからといって一日に何回もお風呂に入る人はいないでしょうし、逆に景気が悪くなったからといってお風呂の回数を週一回に削る人もめったにいないでしょう。

このようにガスの消費は、景気の動向によってあまり影響を受けないのです。

自分が手がけるビジネスの「リスク」と「目標利回り」を自覚せよ

業界や企業ごとに割引率が異なるように、そこで働く人々の割引率も仕事内容によって異なってきます。

どれだけ大きなキャッシュフローを生んでいたとしても、割引率が高ければ価値としては低くなる——。これはファイナンスの世界では当たり前の理屈ですが、それを自分自身に当てはめて考えている人は多くありません。

莫大《ばくだい》な利益を叩《たた》き出す株や債券の運用担当者（ファンドマネジャー）は、特別に優秀でファイナンス的に価値がある人かといえば、そうではありません。ある年に百億円を稼いだとしても、次の年に二百億円の損失を出すかもしれません。良いときと悪いときの差が激しい人は、その分割引率が高くなります。

彼らはそのようなリスクのあるビジネスに就いているのです。

もっといえば、彼らの会社が集めた運用資産が一兆円もあり、ファンドマネジャーがその運用を任されたとすると、どんなに能力のない運用者でも、すべてを金利○・五％の国債で運用すれば、最低五十億円は利益をあげることができます。

儲《もう》けの絶対額がそのままその人の価値にはならないのです。世間には、よく「自分は会社に○○円儲けさせた」とうそぶく人がいます。が、彼らこそ「**会社があなたに与えた目標以上の稼ぎをあげて、初めてあなたの価値が評価される**」ことを知るべきです。

一兆円の運用を任された人が会社から与えられた目標の利回り（投資に対する収益の割合）が五％だったら、この人は五百億円以上稼いで初めて評価されるのです。

一方、毎年確実に安定した顧客から十億円の手数料を稼ぐ営業マンは、ファンドマネジャーのように運用に失敗して損失を出すリスクはあまりありません。したがって彼が稼ぐ十億円のキャッシュフローの価値は、先ほどのファンドマネジャーが稼ぐ百億円の価値より高く評価されるのです。

この場合、ファンドマネジャーより営業マンのほうが「割引率」が低いといってよいでしょう。

つまり会社員は、儲けの絶対額で評価されるのではなく、与えられた目標利回りに対して、それをどれほど上回る運用結果を残せたかで評価されるのです。

ハイリスクのビジネスが悪い、ローリスクのビジネスがいいといっているわけではありません。リスクがなければ儲けるチャンスもないのですから、リスク自体はビジネスにつきものです。

ここで覚えておいていただきたいのは、ハイリスクのビジネスではより高い目標利回りが求められ、ローリスクのビジネスでは低い目標利回りが与えられるということです。

重要なのは自分が手がけるビジネスのリスクと目標利回りをきちんと把握して、仕事にあたることなのです。

あなたの実績が割引率を下げる

携帯電話業界ではNTTドコモ、KDDI（au）、ソフトバンクの三社が熾烈《しれつ》な覇権争いを繰り広げています。そんな状況下、二〇一三年九月には三社中もっとも後発であるソフトバンクが株式時価総額でドコモを抜きました。

その後、NTTドコモがふたたび時価総額では首位の座を奪いましたが、負債額を足した企業価値ではソフトバンクが首位を維持しています。

この背景には、もちろんキャッシュフローを増やしたこともありますが、ソフトバンクの割引率が下がってきたことも影響しています。ソフトバンクはもともとキャッシュを稼ぐ力には定評のある会社でした。ところがドコモと同じくらい稼いでも、どうしても追いつけない指標がありました。

それは割引率です。なぜかといえば、ソフトバンクはNTTドコモより「信用」されていなかった――つまり割引率が高かったからです。

ソフトバンクの孫正義社長は、画期的な施策を次々と打ち出すことで会社を急成長させてきました。けれども、それは見方によっては「次に何をするかわからない」ということでもあり、株主たちは「今はたまたまうまくいっているけれど、次あたりは裏目に出るのではないか」という目でソフトバンクを冷静に見ていたわけです。

それがここ数年は利益を確実にあげることができる環境が整ってきました。ソフトバンクはリスクのあるビジネスをするだけではなく、リスクは背負うけれども堅実な会社になってきたと市場が評価するようになった。それで割引率が下がり、株価＝現在価値（ＰＶ）が上がったのです。

人の信用度を測る尺度も、会社の場合と同じでリスクの大小、つまりはキャッシュフローの安定性です。

稼ぐときはものすごく稼ぐけれど、稼げないときはまったく稼げないという人よりは、大儲けはしないが大コケもしない人のほうが「リスクが低くて信用できる」とみなされ、割引率は低いのです。

人の価値も株価と同じように決まっていきます。いくらキャッシュを稼ぐ力が大きくても、信用できない、安定していないとみなされれば割引率が高くなるのでＰＶは上がりません。

反対に、たとえキャッシュフローが同じでも、割引率が半分になればそれだけでPVは倍になります。割引率とはそれくらい重要なものなのです。

あなたが自分の価値を高めるためには、稼ぐ力と同時に「信用される力」も伸ばさなければなりません。

大きく稼がなくても毎年確実に実績をあげていくことで、その人の割引率は下がり、信用力も上がるのです。

積極的なチャレンジが割引率を下げる

実は割引率を決めるのは、リスクだけではありません。

正確にいえば「割引率＝リスク－成長率」となるのです。

リスクの高い企業や人であっても、今後のキャッシュフローの成長が見込まれると期待されている企業や人の割引率は、その期待されている成長率の分だけ低くなります。

前述のオリエンタルランドの場合もそうです。彼らがいかにリスクの低い会社だとみなされているとしても、割引率二・四％というのは低すぎる値です。

もともとのリスクのみを反映した割引率は四・四％くらいだと仮定しましょう。しかし、世の中の人が彼らの今後の利益が確実に毎年二％ずつ上がっていくと考えているのであれば、本当の割引率は「四・四％−二％＝二・四％」となるのです。

新しいビジネスを展開しているベンチャー企業は、現時点ではそれほどキャッシュフローをあげていなくても、高い株価がつくことがあります。それも将来の高い成長性が割引率に反映されているからです。

人の場合もまったく同じです。

過去の実績が安定していない人でも、直近の成績が確実に上昇しているのであれば、割引率がその分低くなります。したがって、安定した実績だけを求めてあまりチャレンジしないのは考えものです。

少々リスクがともなっても、積極的に仕事にチャレンジし実績の成長性を認めても

らえれば、自分の割引率は下がるのです。

今日の百万円は十年後の二百万円より価値がある

ここでは、価値と時間の関係を考えてみましょう。

Aさんは毎年コツコツと実績をあげ、三十年かけて計十億円のキャッシュフローを会社にもたらした。

Bさんは初めの十年で十億円のキャッシュフローを稼いだが、その後はまったく稼ぐことができなかった。

どちらの人の価値が高いかと問われたら、堅実に稼いだAさんの価値が高い、となりそうです。リスクの点で考えれば、Aさんのほうが信用力があるのは確かです。

ですが、「キャッシュフローの時間的価値」の点で考えると、実はBさんのほうが、Aさんより価値が高かったと考えられます。

実は**ファイナンスの世界では、お金の価値は時間とともに目減りしていくと考えています。**

つまり一年後の百万円は、現在の百万円よりも価値が低いとみなすのです。

その理由は「金利（割引率）」が説明してくれます。

たとえば金利一％の定期預金に百万円を預けると、一年後には一万円の利子がついて百一万円になります。

では逆に、一年後に百万円を受け取るには、今いくら預ければいいのでしょうか？細かな計算は省きますが、答えは九十九万九十九円です。金利一％の定期預金に九十九万九十九円を預ければ、一年後には百万円になって戻ってきます。

それはつまり、「一年後の百万円は、現在の価値にすると九十九万九十九円の価値しかない」ということなのです。

あなたの割引率がもし七％だとしたら、あなたが手にする十年後の二百万円は、今の価値で百万円の価値しかないということです。

したがって三十五歳の会社員Aさんが定年までの三十年で十億円のキャッシュフローを生んだからといっても、それがそのまま彼の価値ということにはなりません。その十億円は現在の価値にするといくらになるのか――言い換えるなら「その十億円をどれだけ割り引くべきか」を考えなければならない。それが割引率を適用するということです。

「いくら」稼ぐかより「いつ」稼ぐかのほうが重要

ファイナンスの世界では「いくら稼ぐか」と同じくらい「いつまでに稼ぐか」が重要な意味をもちます。

価値と時間の関係を身近なビジネスに当てはめて考えてみましょう。

Ａ　百円で仕入れた商品を百十円で販売し、売掛金を一年後に回収する。
Ｂ　百円で仕入れた商品を百九円で販売し、売掛金を一か月後に回収する。

このうち、より多く儲けられるのはどちらのパターンでしょうか？

Ａの利益は十円、Ｂの利益は九円なので、収益だけを考えればＡのほうがよさそうです。

ところが、利回りで考えると結果は大逆転します。

Ａは百円で仕入れたものが一年で百十円になるのだから、利回りは年一〇％です。

一方のＢは百円が一か月で百九円になるので利回りは月九％、年単位に換算すると一〇八％です。利回りで考えるならＢのほうが圧倒的に優れているのです。

自分の現在価値（ＰＶ）を高めるうえでも、利回りの概念は重要です。

利回りの概念とは、簡単にいえば「**早くキャッシュフローを実現すれば、あなたの価値も上がる**」ということです。

仕事をスケジュールどおりにこなすことができるということは、それだけであなたの価値を上げる大きなメリットなのです。仕事の質や出来栄えにこだわることはもちろん大事なことですが、こだわりすぎて納期を遅らせることは、大きくあなたの価値を落とす原因になります。仕事において完璧《かんぺき》にできるということはありません。自分としては少々納得できなくても求められた基準をクリアできるのであれば、そこで終わらせて次の仕事にかかるべきなのです。

「いい加減な仕事をしろ」と言っているわけではありません。安全基準を満たさない製品を作るのは論外ですが、もともと日本人は基本的にまじめなので、仕事の質に妥協することはあまりないという美徳を備えています。したがって、問題になるのは、仕事の結果にこだわりすぎる傾向がときとして信用力を落としてしまうことです。

まさに「**時は金なり**」なのです

「時間給」で働くな！

利回りを意識して仕事をするということは、簡単にいうと**仕事に「時間軸」を設定**

し、**時間をコントロールしながら働く**ということです。

たとえば同じ作業をしても、一時間でさっさと終わらせる人もいれば、二時間も三時間もかける人もいます。

利回りの概念を持ち出すまでもなく、同じ仕事をするのなら早く片づけたほうがいいに決まっているのですが、世の中にはまったくアベコベの考え違いをしている人もいます。

仕事の成果ではなく働いた時間の長さを誇り、「あいつは一時間しかやっていないのに、自分は三時間も働いたのだから、自分のほうが偉い」と考えるのです。

アルバイトならそれでもいいかもしれません。仕事を一時間で終わらせてしまえば一時間分の時給しかもらえないけれど、二時間、三時間と時間をかければそれだけ多くの時給が得られます。

けれども、それは正社員には通用しない考えです。予想キャッシュフローと割引率、どちらの観点からしても、不必要に時間をかけて仕事をするメリットはひとつもありません。企業人として評価を得たいのであれば、時給感覚からは卒業し、利回りの高い仕事をするよう心がけなければならないのです。

別の言い方をすれば、**仕事にかかった時間は会社にとってはコスト**なのです。それも「社員に払う給与」と「キャッシュフローの時間的価値の減少」という二重のコストになります。

ダラダラと残業をするのも、時間軸をもたない人の特徴です。かといって、絶対に残業をしないというのもまた間違いで、残業には「してもいい残業」と「してはいけない残業」の二種類があるのです。

してもいい残業とは「この仕事が終わるまでは働こう」というように目的が明確な残業であり、一方、してはいけない残業とは「何時までは働こう」という〝残業のための残業〟です。

自分の価値を高めるためには、勉強や休息にあてる時間も必要です。その時間を捻《ねん》出《しゅつ》するためにも、後者のような意味のない残業はきっぱりと断らなければなりません。

とはいえ、会社によってはそれがむずかしいこともあるでしょう。世の中には残業をすることが美徳だと考えている会社もあるからです。

私が昔勤めていたある支店では「隣のライバル銀行の明かりが消えるまでは帰らな

い」というわけのわからない暗黙のルールがあったため、行員たちは連日深夜〇時近くまで残業を強いられていました。私は新人でそれほど仕事もなかったので、同じ書類を書いては消し、書いては消しを繰り返して何とか時間をつぶしていました。

これは本当に苦痛でした。やることが多くて残業になるのであればまだ耐えられるけれど、急ぎの仕事もないのに「何時まで残っていろ」と言われるのは地獄です。

今では銀行もそんなバカげたことはしていないでしょうが、残業を断りにくい雰囲気の会社はまだ多く残っていると思います。そうした職場では、一人だけ先に帰ると白い目で見られたり、手を抜いていると思われたりすることもあるかもしれません。

しかし、だとしても無意味な残業はすべきではないというのが私の考えです。自分がやるべき仕事が終わったのであれば、その旨を宣言してさっさと帰るのが正解です。最初のうちは気まずい思いをすることもあるかもしれないけれど、いったん「この人はこういう人間なんだ」と思われてしまえば、あとは楽になります。

ただし、そういうキャラクターを確立するためには、効率的に仕事ができることが大前提です。仕事が終わらないのに早く帰ろうなんていうのは論外です。

仕事が終われば早く帰るということは、裏返せば、仕事が終わらないときは深夜まで残業をしてでも終わらせるということです。それが時間をコントロールするということなのです。

信用される人は、長期的な視野で考える

一発屋ではなく、将来にわたって安定的にキャッシュを生んで信用を勝ち取るには、長期的な視野で仕事に取り組む必要があります。目先のキャッシュにばかり気をとられていると、将来的にもたらされたはずの、より大きなキャッシュフローを台無しにしてしまう可能性があるからです。

たとえば営業が当月のノルマを達成するために、お客に無理を言って商品を買ってもらう。どの会社でもこうした営業努力はおこなわれていると思います。

そうすればたしかに一時的に売り上げは伸ばせますが、強引な営業が災いして顧客の不信を買い、取引を打ち切られてしまえば、翌月からの売り上げはゼロになってしまいます。目先のキャッシュに目がくらんで、将来のキャッシュフローを台無しにす

るとはそういうことです。

時間的価値から考えれば短期的視点で早く稼ぐことが大事なのですが、信用力を上げる（割引率を下げる）には、長期的な視点で仕事をするほうが重要なのです。

「スピード」と「安定性」を両立できるのが、本当に評価される人なのですが、どちらかを選択しなければならないとしたらやはり「安定性」になります。

社会人としての将来はまだまだ長いのですから、「信用力のある人」をまずはめざしてください。

信用され、評価されるのは「正直な人」

私は決して清廉潔白な人間ではなく、プライベートではちょっとした嘘《うそ》もつくし、人をおちょくったようなジョークを言うのも好きなたちです。しかしそんな私でも、仕事上では絶対に嘘をつかないと心に決めています。それは私が崇高な信念をもっているからではなく、仕事上の嘘は代償が大きすぎるからです。

ほんの出来心で嘘をつき、それで身を滅ぼした人を私は何人も知っています。

たとえば私が外資系証券会社にいたときのことです。

当時の私は何人ものトレーダーを管理する立場にありました。トレーダーとは会社の資本を使ってドル円やユーロ円などの外国為替を売買して利益を出す仕事です。私は毎日、彼らがそれぞれドルをどれだけ売買したかを確認し、トレーダーたちのポジション（外貨の持ち高や損益）を集計する役割を担っていました。

ところがある日、いくら計算しても帳尻《ちょうじり》が合わないことがあった。トレーダーたちが申告した金額に対して、実際に買われているドルが多すぎるのです。誰かほかにドルを買った人はいないかと聞いて回っても、誰も名乗りでません。

それで私はピンときました。

その日はドルが急落していたので、ドルを買ったトレーダーの多くは損を出していました。トレーダーにはロスリミットといって、一定以上の損失を計上すると月内は取引ができなくなるという制約があり、このロスリミットが続けばクビになります。それに引っかかることを恐れたトレーダーが、ドルを買った事実を隠そうとしているのだろうと見当をつけました。

事実はまさにそのとおりで、犯人はすぐに明らかになりました。本人は申告を忘れていただけだと主張しましたが、そんな子どもみたいな言い訳が通るはずはありません。結局、彼はこれが原因で退職を余儀なくされました。ロスリミットに引っかかったのもマイナス要素ではありましたが、決定打となったのはポジション隠しです。損を出したうえに嘘をついたことで情状酌量の余地はないと判断されたのです。

こうしたあからさまな嘘でなくても、ちょっとしたごまかしや、あいまいなもの言いをしてしまった経験は誰にでもあるのではないでしょうか。

たとえば、お客からの要望に対して、絶対に無理だとわかっているのに「考えておきます」とお茶を濁す。これだって、ある種のごまかしにはちがいありません。お客はもしかしたら自分の要望が通るかもしれないと期待する分、「やっぱりダメでした」と言われたときの失望は大きく、「この人の言葉は信用できない」と評価を下すことでしょう。

信用される人はやはり正直な人です、まったく当たり前の話ですが、ファイナンスの点からいっても正直な人はリスクが小さいのです。

正直な人は、都合の悪いこともきちんと相手に伝えます。

会社から見たら、嘘をつかれていることで被る「将来の不確かな損失」を回避することができるのです。

逆境のときこそ「品格」を保て

私がサラリーマンをしていたころ、上司にひどく気分屋の人がいました。機嫌がいいときは部下にも鷹揚《おうよう》に接するのですが、プライベートで嫌なことがあったりすると態度が豹変《ひょうへん》して、オフィスのゴミ箱を蹴飛《けと》ばしたり、ささいなことで怒鳴り散らしたりする。そのため部下たちは「今日は機嫌がいいかな、どうかな」といつも彼の顔色をうかがいながら仕事をせざるをえず、大きなストレスを抱えていました。

機嫌がいいときに温厚な態度をとることは、別にむずかしいことではありません。そんなことは誰にでもできるでしょうが、人の本性があらわれるのは逆境に追い込まれたときです。

たとえば売り上げが目標に達しないとき、部下が失敗したとき、時間に追われているときなど、人は往々にして外面をとりつくろう余裕を忘れて醜態をさらけ出してしまうことが少なくないのです。

「今はとにかく大変なのだからしかたがない。みんなもわかってくれるはず」なんて思ったら大間違いで、周囲は冷静にあなたを見ています。同情すべき事情があったとしても、見苦しい姿を見せれば確実に周囲の記憶に残ります。

自分が発するメッセージは常に評価の対象になります。だから、心の中では怒りや焦りがうずまいていたとしても、それをそのまま外に出してはいけません。**逆境のときこそ品格を保つことが大事**だと肝に銘じておきましょう。

常日ごろ、他者の目を意識して外に発するメッセージをコントロールする――それが結果としてあなたの評価を上げるのです。

大きなチャンスは、安定志向の人にはめぐってこない

キャッシュフローを安定させるという割引率を下げるためのアプローチは、ややもすると安定志向に陥り、リスクを取ることを必要以上に回避することにつながる恐れがあります。

守るだけではビジネスになりません。会社と自分を成長させるためには、チャンスを見極めて攻めに転じることも必要です。

たとえば会社が新規事業に乗り出すとします。うまくいけば大きな利益が見込めるけれど、失敗して損をする可能性も少なくないという、むずかしくもやりがいのあるプロジェクトです。

こうした責任ある仕事を任せてもらえるのは、割引率が低い人であって、普段から危なっかしい仕事をしている人が抜擢《ばってき》されることはありません。

しかし、割引率が低い人にも二種類います。

ただただリスクのある仕事を避けて結果として堅実な結果を出している人。

それに対し、リスクにも果敢にチャレンジし、失敗も経験しながら結果として、与えられた目標利回り以上の働きをしてきた人。

後者の場合は割引率の絶対値は低くないのですが、相対的に割引率の低い人と判断されます。

社運を賭《か》けたリスクの高いプロジェクトは、いくら割引率が低くてもただの安定志向の人には任せられません。

猛獣使いのように、リスクをコントロールしながら結果を出す人が本当に価値のある人なのです。少しでもリスクを減らしてくれそうな人に任せたいと思うのは当然のことです。

チャンスがめぐってきたのであれば、リスクを過剰に恐れずに挑戦すると、きっとますます大きな仕事を任せてもらえるようになるでしょう。

ときには「リスクを取る」という選択肢も必要！

「キャッシュフローが安定するとリスク（不確実性）は低くなる」
「リスクが低ければ割引率も低くなる」
「割引率が低ければ価値は高くなる」

――これがファイナンスの大原則です。本書でもその考えにのっとって、ここまでリスクを減らして割引率を下げる方法にフォーカスを当ててきました。

ところが、常にリスクを回避することが正解だとは限りません。いや、むしろリスクを取らずしてビジネスの成長はないといってもいい。

たとえばソフトバンクが今日のように「稼ぐ力があり、かつ信用される会社」に成長できたのも、孫社長が積極的にリスクを取ってきたからこその結果です。

リスクをまったく取らないということは、会社の資金をすべて定期預金に入れておくようなものです。そうすればリスクを負うことなく金利を得ることができますが、日本中の経営者がみんなそんなことをやりはじめたら、日本という国はつぶれてしまいます。

リスクを取って経済を成長させていくことは経営者の義務なのです。

経営者だけではなく、会社員だって同じです。あらゆるリスクを避けて保身に徹していては、自分を成長させることはできません。

では、私たちはどういうときにリスクを取ればいいのか――。

実はリスクには、取っていいリスクとそうでないリスクがあります。

取っていいリスクとは、「うまくいけばこれだけ儲かるが、最悪の場合これだけ損をする」ということがわかっているリスクです。それがわかればリスクとリターンを天秤《てんびん》にかけて進退を判断することができます。

たとえば、うまくいっても百万円しか儲からないのに、失敗すれば五千万円も損をするような事業であれば、それは手を出すべきではないということになります。

このように最大損失を考慮して、リスクよりもリターンが上回っていれば投資をするというのがファイナンスの鉄則です。

第1章で前述した英会話教室の例のように、百万円を投資することで、それ以上の給与アップが見込めるのであれば、それは投資すべき局面なのです。

上司に何か新しい提案をするときも、このことを覚えておけばより説得力が増し、失敗したときの保険にもなります。

「こういう施策を打つと最悪の場合これだけ損をするが、うまくいけばこれくらい儲かる」と説明できれば上司もゴーサインを出しやすく、仮に失敗したとしても、あらかじめリスク情報を共有しておいたのだから、あなた一人が責任を負わされることにはなりません。

人生の折れ線グラフは乱高下してもかまわない

最近の若い人は保守的だといわれています。

大成を望まない代わりに冒険もしない。

クビにさえならなければ給与はそこそこでいいと考える。

そのような人生は、この上なく平坦《へいたん》です。毎日同じ時間に起きて、同じ電車に乗って通勤し、淡々と仕事をこなし、退社後はまっすぐ家に帰り、いつもと同じテレビを見て、いつもと同じ時間に就寝する——。

そんな人生は、はたして充実しているといえるのでしょうか。

充実した人生とは、必ずしもリスクのない人生とイコールではありません。

そこが企業価値の判断と唯一違うところです。

「**人生の醍醐《だいご》味《み》はある程度のリスクを楽しむこと**」、これに尽きるのではないかと思います。

そもそも人の人生はどんなに平坦に見えても、それなりに波瀾《はらん》万丈なものです。良いときもあれば、つらいときもある。それはときにリスクを選択し、成功も失敗も経験してきた証しです。

スタートからゴールまで一直線で進めれば、最短距離で到達できます。けれども実際はゴールに至るまでは紆余《うよ》曲折がある分、ときにその軌跡は最短距離の数倍以上の長さになります。

私はこの長さこそが人生の醍醐味ではないかと思うのです。

限りある人生を終えるとき、生きた実感をもっとも濃く味わえるのは間違いなく紆余曲折のある人生でしょう。

私がリスクを取ることをすすめるのもそのためです。平坦でつまらない人生ではなく、成功も失敗もある、山あり谷ありの充実した人生を送ってほしいのです。

幸い日本にはセーフティネットがあります。リスクを取って失敗したとしても、最低限の生活は保障されます。日本に住んでいるかぎり、飢え死にするようなことは理論上ありません。せっかくそんな恵まれた社会に生まれたのだから、果敢にリスクに挑んでいこうではありませんか！

私は先だって「リスクを取ることは経営者の義務である」と述べました。それは経営者だけではなく、あなた自身にも言えることです。

なぜなら、あなたはすでに両親や祖父母から少なからぬ投資を受けているからです。

日本という豊かな社会に生きられるのも、先人たちの投資のたまものです。だからあなたには、その投資に報いる義務がある。

リスクを恐れずに挑戦し、次の世代のために社会をより豊かにしていくことは、あなたの義務であり、使命なのです。

おわりに

ファイナンスの専門家として企業価値評価の仕事に携わり、ＭＢＡスクールや企業研修でもファイナンスを教えている私ですが、実は、ファイナンスという学問に出合ったのはさほど昔のことではありません。

あれは今から十年ちょっと前、外資系企業を辞めて気ままなアーリーリタイアメント生活を送っていたときのことです。友人から「グロービスというＭＢＡスクールで教えてみないか」と誘われた私は、暇を持て余していたこともあり、手伝うくらいならいいかと軽い気持ちで承諾しました。

ところが知人は何を勘違いしたのか、私にコーポレート・ファイナンスの講師になってくれないかと言い出した。外資系でデリバティブを扱っていたくらいだから、当然ファイナンスにも詳しいはずだと思われたのです。

「コーポレート・ファイナンス」とは企業の価値評価の手法に関する学問であり、自分の専門分野である金融デリバティブとはまったく異なるものです。金融機関、ことに専門化が徹底している外資系では、外国為替、債券、株式など、扱う専門ごとに部門が分かれており、部署間異動などはありません。結果として自分の専門は非常に狭く深いものになっており、「コーポレート・ファイナンス」の理論はひと通り理解しているものの、厳密にいえば専門外だったのです。

でも友人はすっかりその気になっていて、今さら専門外とも言いにくい。そうこうしている間にも話はとんとん拍子で進んでいき、スタッフの前で授業のデモをすることが決まってしまいました。

私はあわてて欠けている知識を補うべく猛勉強を始めました。ファイナンス関連の専門書をどっさり買い込み、寝る暇も惜しんで知識を頭に詰め込んでいったのです。結果、思いがけず「わかりやすい」と高評価をいただき、正式に講師として採用されることになりました。

思い返せば冷や汗ものですが、ともあれ、これを機に私はファイナンスの世界に足を踏み入れ、起業後はそれを本業とするまでになったのです。

ファイナンスを知ってからというもの、私の世界は劇的に変わりました。ファイナンスという万能のものさしを得たことで、今まで見落としていた多くのものごとに気づけるようになりました。出世という相対的評価にこだわるバカらしさや、目先のキャッシュだけを追求する愚かさがわかったのもファイナンスのおかげです。もっと早くにファイナンスと出合っていれば、自分の人生はよりすばらしいものになっていただろうと地団駄を踏みたくなるような思いも味わいました。

だからこそ、私は本書を著しました。ファイナンスの視点から自分の現在価値（PV）を磨くという、若かりしころの私ができなかったことを、みなさんにはぜひ実践してほしいと考えたのです。

基本的には二十〜三十代の若手ビジネスマンを読者層と想定して執筆しましたが、四十代、五十代からでも遅くはありません。私自身がファイナンスに出合ったのも四十代前半のことですし、五十代も半ばにさしかかろうという今日でも、自分の価値を高めるべく日々、勉強を続けています。

自分の価値を高めるための努力は、決して自分を裏切りません。頑張ればその分だけ確実に成長へとつながります。

たとえば小学生の男の子のヒエラルキーは、かけっこの速さやけんかの強さで決まります。それは多くの場合、生まれ持った身体や才能の問題であって、本人の努力ではどうしようもないものです。

けれども社会人は違います。ファイナンスの視点に基づいて自己研鑽《けんさん》に励めば自分の価値は必ず高まり、おのずと評価もついてきます。ビジネスマンとして評価を得ることは、小学校のクラスで一番になることに比べればずっと簡単なのです。

自分の価値を高めて足元の地盤を固めたら、次はぜひ積極的にリスクにも挑んでください。チャレンジには失敗もつきものですが、本書で学んだファイナンス的な思考習慣は、リスクの取捨選択をする場面でも、きっとあなたの助けになってくれることでしょう。

もちろん私自身も、これからも積極果敢にリスクを取っていくつもりです。たとえば、新しく起業しようとしている若者を支援する事業を始めるのもそのひとつです。自分の出せる範囲でベンチャー企業に投資をおこなったり、投資した先の企業に成長のためのアドバイスをしたりしようと考えています。ベンチャー投資は多くの場合、投資額がゼロになってしまう究極のハイリスク投資です。自分では再度起業するパワーはないのですが、同じように起業していこうという若者と一緒にまたスリリングな起業体験を満喫したいのです。

私にとってそれは一番のアンチ・エージングなのです。

人生において、与えられている時間には限りがありますが、体感できる時間の長さはその使い方によっていかようにも変わります。平坦《へいたん》で大過ない人生はあっという間に過ぎますが、山あり谷ありの人生は、そのアップダウンの振れ幅の分だけ長い時間を過ごしたことになります。

その意味では大きな挫折《ざせつ》や悲しいことに遭遇することも人生の意義を深める重要な要素と思って受け止めていきましょう。「若いうちの苦労は買ってでもしろ」という言葉は、そのまま「若いうちのリスクは買ってでも手に入れろ」という言葉に置き換えられるのです。
ぜひ、果敢にリスクにも挑み、そのリスクすらも楽しんでいただければと思います。

二〇一五年七月

著　者

野口真人（のぐち・まひと）

プルータス・コンサルティング代表取締役社長／企業価値評価のスペシャリスト
1984年、京都大学経済学部卒業後、富士銀行（現みずほ銀行）に入行。1989年、JPモルガン・チェース銀行に入行。その後、ゴールドマン・サックス証券に入社。「ユーロマネー誌」の顧客投票にて3年連続最優秀デリバティブセールスに選ばれた。

2004年、企業価値評価の専門機関であるプルータス・コンサルティングを設立。年間450件以上の評価をおこなう日本最大の企業価値評価会社に育てる。これまでの評価実施件数は2000件以上にも上る。

トムソン・ロイターによる2014年及び2015年上期M&Aアドバイザリーランキングでは、独立系アドバイザリーで最高位を獲得するなど業界からの評価も高い。

旧カネボウ株式買取価格決定請求事件における株価評価の鑑定、ソフトバンクによるイー・アクセスの完全子会社化における株式交換比率の算定、カルチュア・コンビニエンス・クラブのMBOにおける公開買付価格の評価、トヨタ自動車が日本で初めて発行した個人向け優先株式の価値評価など、世間の注目を集めたさまざまな取引のアドバイザーを務めた。

グロービス経営大学院にてファイナンスの講師を務めるほか、ソフトバンクユニバーシティなどでファイナンスの講義を担当している。

主な著書に『パンダをいくらで買いますか？　ストーリーで学ぶファイナンスの基礎知識』『お金はサルを進化させたか　良き人生のための日常経済学』（ともに日経BP社）、『戦略資本政策　新時代の新株予約権・種類株式活用法』（共著、中央経済社）などがある。

プルータス・コンサルティング
http://www.plutuscon.jp

私はいくら？

2015年9月 5日　初版発行
2015年9月25日　第2刷発行

著　者　野口真人
発行人　植木宣隆
発行所　株式会社 サンマーク出版
東京都新宿区高田馬場 2-16-11
(電)03-5272-3166
印　刷　共同印刷株式会社
製　本　株式会社若林製本工場

ISBN978-4-7631-3456-1　C0030
ホームページ　http://www.sunmark.co.jp
携帯サイト　http://www.sunmark.jp